周期表

族/周期	10	11	12	13	14	15	16	17	18
1									4.003 ₂He ヘリウム 1s² 24.59
2				10.81 ₅B ホウ素 [He]2s²p¹ 8.30 2.04	12.01 ₆C 炭素 [He]2s²p² 11.26 2.55	14.01 ₇N 窒素 [He]2s²p³ 14.53 3.04	16.00 ₈O 酸素 [He]2s²p⁴ 13.62 3.44	19.00 ₉F フッ素 [He]2s²p⁵ 17.42 3.98	20.18 ₁₀Ne ネオン [He]2s²p⁶ 21.56
3				26.98 ₁₃Al アルミニウム [Ne]3s²p¹ 5.99 1.61	28.09 ₁₄Si ケイ素 [Ne]3s²p² 8.15 1.90	30.97 ₁₅P リン [Ne]3s²p³ 10.49 2.19	32.07 ₁₆S 硫黄 [Ne]3s²p⁴ 10.36 2.58	35.45 ₁₇Cl 塩素 [Ne]3s²p⁵ 12.97 3.16	39.95 ₁₈Ar アルゴン [Ne]3s²p⁶ 15.76
4	58.69 ₂₈Ni ニッケル [Ar]3d⁸4s² 7.64 1.91	63.55 ₂₉Cu 銅 [Ar]3d¹⁰4s¹ 7.73 1.90	65.38 ₃₀Zn 亜鉛 [Ar]3d¹⁰4s² 9.39 1.65	69.72 ₃₁Ga ガリウム [Ar]3d¹⁰4s²p¹ 6.00 1.81	72.63 ₃₂Ge ゲルマニウム [Ar]3d¹⁰4s²p² 7.90 2.01	74.92 ₃₃As ヒ素 [Ar]3d¹⁰4s²p³ 9.81 2.18	78.96 ₃₄Se セレン [Ar]3d¹⁰4s²p⁴ 9.75 2.55	79.90 ₃₅Br 臭素 [Ar]3d¹⁰4s²p⁵ 11.81 2.96	83.80 ₃₆Kr クリプトン [Ar]3d¹⁰4s²p⁶ 14.00 3.0
5	106.4 ₄₆Pd パラジウム [Kr]4d¹⁰ 8.34 2.20	107.9 ₄₇Ag 銀 [Kr]4d¹⁰5s¹ 7.58 1.93	112.4 ₄₈Cd カドミウム [Kr]4d¹⁰5s² 8.99 1.69	114.8 ₄₉In インジウム [Kr]4d¹⁰5s²p¹ 5.79 1.78	118.7 ₅₀Sn スズ [Kr]4d¹⁰5s²p² 7.34 1.96	121.8 ₅₁Sb アンチモン [Kr]4d¹⁰5s²p³ 8.64 2.05	127.6 ₅₂Te テルル [Kr]4d¹⁰5s²p⁴ 9.01 2.1	126.9 ₅₃I ヨウ素 [Kr]4d¹⁰5s²p⁵ 10.45 2.66	131.3 ₅₄Xe キセノン [Kr]4d¹⁰5s²p⁶ 12.13 2.7
6	195.1 ₇₈Pt 白金 [Xe]4f¹⁴5d⁹6s¹ 8.61 2.28	197.0 ₇₉Au 金 [Xe]4f¹⁴5d¹⁰6s¹ 9.23 2.54	200.6 ₈₀Hg 水銀 [Xe]4f¹⁴5d¹⁰6s² 10.44 2.00	204.4 ₈₁Tl タリウム [Xe]4f¹⁴5d¹⁰6s²p¹ 6.11 2.04	207.2 ₈₂Pb 鉛 [Xe]4f¹⁴5d¹⁰6s²p² 7.42 2.33	209.0 ₈₃Bi ビスマス [Xe]4f¹⁴5d¹⁰6s²p³ 7.29 2.02	(210) ₈₄Po ポロニウム [Xe]4f¹⁴5d¹⁰6s²p⁴ 8.42 2.0	(210) ₈₅At アスタチン [Xe]4f¹⁴5d¹⁰6s²p⁵ 9.5 2.2	(222) ₈₆Rn ラドン [Xe]4f¹⁴5d¹⁰6s²p⁶ 10.75
7	(281) ₁₁₀Ds ダームスタチウム [Rn]5f¹⁴6d⁹7s¹	(280) ₁₁₁Rg レントゲニウム [Rn]5f¹⁴6d¹⁰7s¹	(285) ₁₁₂Cn コペルニシウム [Rn]5f¹⁴6d¹⁰7s²	(278) ₁₁₃Nh ニホニウム [Rn]5f¹⁴6d¹⁰7s²p¹	(289) ₁₁₄Fl フレロビウム [Rn]5f¹⁴6d¹⁰7s²p²	(289) ₁₁₅Mc モスコビウム [Rn]5f¹⁴6d¹⁰7s²p³	(293) ₁₁₆Lv リバモリウム [Rn]5f¹⁴6d¹⁰7s²p⁴	(293) ₁₁₇Ts テネシン [Rn]5f¹⁴6d¹⁰7s²p⁵	(294) ₁₁₈Og オガネソン [Rn]5f¹⁴6d¹⁰7s²p⁶

ランタノイド									
152.0 ₆₃Eu ユウロピウム [Xe]4f⁷6s² 5.67 1.2	157.3 ₆₄Gd ガドリニウム [Xe]4f⁷5d¹6s² 6.15 1.20	158.9 ₆₅Tb テルビウム [Xe]4f⁹6s² 5.86 1.2	162.5 ₆₆Dy ジスプロシウム [Xe]4f¹⁰6s² 5.94 1.22	164.9 ₆₇Ho ホルミウム [Xe]4f¹¹6s² 6.02 1.23	167.3 ₆₈Er エルビウム [Xe]4f¹²6s² 6.11 1.24	168.9 ₆₉Tm ツリウム [Xe]4f¹³6s² 6.18 1.25	173.1 ₇₀Yb イッテルビウム [Xe]4f¹⁴6s² 6.25 1.1	175.0 ₇₁Lu ルテチウム [Xe]4f¹⁴5d¹6s² 5.43 1.27

アクチノイド									
(243) ₉₅Am アメリシウム [Rn]5f⁷7s² 6.0 1.3	(247) ₉₆Cm キュリウム [Rn]5f⁷6d¹7s² 6.09 1.3	(247) ₉₇Bk バークリウム [Rn]5f⁹7s² 6.30 1.3	(252) ₉₈Cf カリホルニウム [Rn]5f¹⁰7s² 6.30 1.3	(252) ₉₉Es アインスタイニウム [Rn]5f¹¹7s² 6.52 1.3	(257) ₁₀₀Fm フェルミウム [Rn]5f¹²7s² 6.64 1.3	(258) ₁₀₁Md メンデレビウム [Rn]5f¹³7s² 6.74 1.3	(259) ₁₀₂No ノーベリウム [Rn]5f¹⁴7s² 6.84 1.3	(262) ₁₀₃Lr ローレンシウム [Rn]5f¹⁴6d¹7s²

b) 電子配置には推定したものなどが含まれる.

「資質・能力」を育む高校化学

探究で変える授業実践

後藤顕一・飯田寛志・野内頼一・西原 寛・渡部智博 編

化学同人

執筆者一覧（◎は編者）

執筆者　　　担当章

◎飯田　寛志　　静岡県総合教育センター　参事　　1部ライブ授業, 2章, 3章, 4章, 7章, 8章, 9章, 10章, 11章, 12章
　上村　礼子　　千代田区立九段中等教育学校　副校長　　4章
　北川　輝洋　　千葉県立千葉東高等学校　教諭　　7章
◎後藤　顕一　　東洋大学食環境科学部　教授　　5章
　小林　邦佳　　埼玉県立鳩山高等学校　教諭　　2章, 5部大学入学共通テスト
　佐藤　　大　　北海道教育庁根室教育局　主任指導主事　　4章
　佐藤　友介　　北海道帯広南商業高等学校　教諭　　4章
　鮫島　朋美　　東京学芸大学附属国際中等教育学校　教諭　　8章
　竹内信治郎　　東葛看護専門学校臨床科学　講師　　12章
　神　　孝幸　　青森県立青森南高等学校　教諭　　1部ライブ授業, 1章, 6章
◎西原　　寛　　東京大学大学院理学系研究科　教授　　大学教育の教育課程編成上の参照基準
◎野内　頼一　　国立教育政策研究所　教育課程調査官　　1部ライブ授業, 5部実験の安全配慮への注意事項
　松髙　和秀　　佐賀県立佐賀西高等学校　教諭　　2部化学びらき
◎渡部　智博　　立教新座中学校・高等学校　教諭　　3章, 10章, 5部国際単位系（SI）

コラム執筆者

　川合　眞紀　　日本化学会　会長・分子科学研究所　所長
　菊池　正仁　　日本理化学協会　顧問・前会長
　　　　　　　　文部科学省SSH企画評価会議協力者
　清原　洋一　　秀明大学　教授・前文部科学省主任視学官
　赤石　定治　　国立研究開発法人科学技術振興機構
　　　　　　　　理数学習推進部　主任調査員
　石井　英真　　京都大学大学院教育学研究科　准教授
　伊藤　克治　　福岡教育大学　教授
　岩田　久道　　渋谷教育学園幕張中学校・高等学校　教諭
　大平　和之　　新潟県立新潟工業高等学校　教諭
　柄山　正樹　　日本化学会　フェロー・東洋大学　客員教授
　小林　邦佳　　埼玉県立鳩山高等学校　教諭
　齊藤　幸一　　開成学園　教諭
　高橋　三男　　東京工業高等専門学校　教授
　寺田　光宏　　岐阜聖徳学園大学　教授
　長谷川　正　　東京学芸大学　理事・副学長
　藤田　　勲　　芝浦工業大学柏中・高等学校　非常勤講師
　林　誠一　　　富山県立砺波高等学校　校長
　福村　裕史　　仙台高等専門学校　校長・東北大学　名誉教授
　渡辺　　正　　東京理科大学　教授・東京大学　名誉教授
　渡部　智博　　立教新座中学校・高等学校　教諭

はじめに

　化学に関する優れた学術書，化学実験に関する優れた指導書は世の中に数多く存在する。しかし，化学の授業づくりといった視点から示された書籍は，これまでほとんど存在しない。

　100年以上前，アメリカの哲学者・教育学者であるジョン・デューイは，著書『学校と社会』(1898年)において，旧教育の中心が学習者以外にあることを憂い，「変革であり，革命」が必要であると述べ，学習者中心の教育を強く求めている。さらに，学習者が主体的に課題解決の道筋を考慮することの重要性，探究することの意義や方法について説いている（『学校と社会』，岩波文庫，p.49～50, p.180）。

　デューイの求めた授業づくりに，高校化学はまだ十分な答えを出していない。100年以上たった今でも，高校化学は，生徒に中心があるとは言い切れず，思考力，判断力，表現力等や学びに向かう力・人間性等といった「資質・能力」を育成する探究型の学習活動が十分になされているとは言えない。そのため暗記科目と揶揄される状況にあることは否めない。国内・外の調査においても高校化学は，「嫌いな科目」の代表格になっており，理由の一つが「わからないから」という状況にあるのも事実である。

　中央教育審議会答申（2016）からも，高等学校には，強い論調で，現状の課題の把握とともに抜本的な改革を求めている。具体的には，「高校教育については，大学入学者選抜や資格の在り方等といった外部要因によりその在り方が規定されてしまい，目指す教育改革が進めにくい」「特に普通科における教育については，自らの人生や社会の在り方を見据えてどのような力を主体的に育むかよりも，大学入学者選抜に向けた対策が学習の動機付けとなりがちであることが課題となっている」「高校における教育が，小・中学校に比べ知識伝達型の授業にとどまりがちであることや，卒業後の学習や社会生活に必要な力の育成につながっていない」との指摘がある。また，「数学及び理科を学ぶ楽しさやこれらを学習する意義等に対する意識について，諸外国と比べると肯定的な回答の割合が少なく，さらに学校段階が上がるごとに低下していく傾向にある」と指摘している。

　知識・技能の一方的な伝達のみの授業になってはないか，実践した授業を常に振り返り，検証してみる必要があろう。中には，「高大の接続につながらないのではないか」，「そもそも探究に割ける時間がない」と言った声もあるだろう。しかし，先に挙げた現状，高校理科における探究重視の動向や大学入試改革，世界的な流れ等，教育改革全体に視野を広げ，どのような生徒を育てたいのか，そのためにはどのような授業づくりが必要なのか，正面から向き合う必要があるのではないだろうか。高校化学に求められている授業改善とは，社会への接続を意識するとともに，求められる資質・能力の育成を目的に，探究の過程を重視し，理科の見方や考え方を働かせて化学の本質に迫る理解を図ること，さらに化学の有用性を感じられるような日常や社会とのつながりを重視することなどによる，より一層の充実である。

　日本学術会議からの提案「大学教育の分野別質保証のための教育課程編成上の参照基準化学分野」（日本学術会議，2019）では，我が国が考える「化学の本質」とは何かについて示されている。「化学の本質」を学ぶためには，「専門性と市民性を兼備するための教養教育」とし

て，中・高校の化学教育との連続性における，化学の本質を踏まえた大学教育が必要である。また，化学の学びを通じて獲得すべき基本的能力として，「課題抽出能力，論理的思考力，課題解決能力，情報収集能力，解析力，判断力，創造力，発表力（プレゼンテーション力），議論する能力（コミュニケーション力）の育成」を挙げている。これらの獲得は，系統的，段階的な学びが不可欠であり，化学教育が高校だけで閉ざされていては成立せず，高校化学には，学び方を含めた改善を求めていると言えよう（詳しくは後に示す）。

そこで，本書『「資質・能力」を育む高校化学—探究で変える授業実践』を発行する。本書は，資質・能力の育成を目指し，探究型の授業に徹底的に向き合うこと，高校での日々の生きた授業の様子を示すことを目指している。本書の作成にあたっては，学習指導要領作成関係者が多く関わり，理想の授業づくりのアイデアを結集した。実践につなげていくために，多くの学校関係者から多面的な視点から意見をいただいた。また，学校での試行的な実践を繰り返し，検証，改善を繰り返した。さらに学術面から，大学や研究機関の研究者から多大なる支援を受けた。そのため，構想から発刊まで多くの時間と労力をかけた。

本書を手に取る読者に一緒に授業に参加していただき，授業の検討，共有していただくことを目指しており，そのため従来の書籍とは違い一風変わった構成，構造になっている。その単元を学習する意義を示すことで学ぶ必然を明確にするとともに，単元を通じて育成すべき資質・能力とは何か，生徒が単元を通じて獲得を目指す概念を明確にしている。また，探究型の授業を目指し，探究の過程を意識するとともに授業場面を示し，教師と生徒，生徒間のやりとり，生徒自身の学びの実際を示すことを目指した。是非，読者の皆様においては，クリティカルに授業に参加していただきたい。

このように本書はいわば授業づくりの「たたき台」なのである。本書はその場を提供したに過ぎない。本書がきっかけになり，一人でも多くの先生方が，デューイが求めた問題提起に向き合い，生徒の資質・能力の育成，探究型の授業の実現を目指し，飽くなき改善の意識とそれを共有していくための議論を活発化し，一人でも多くの生徒が高校化学を学ぶ意義や有用性を感じられるような探究型の授業が展開されることを願ってやまない。

なお，本書の作成には多くの先生方のご協力をいただいた。各方面の第一人者の方18名から，コラムを執筆していただいた。また，各章の検討には，専門的な視点からご意見をいただいた。この場をお借りして厚く御礼申し上げます。

また，校正協力をいただいた野々峠美枝様，魅力的なイラストを描いてくれた石田理紗様，素敵なカバーをデザインしてくれた小島真樹様，困難な紙面制作を進めてくださった日本ハイコム様，探究の授業づくりを試みた本書を発刊させていただいた化学同人様，そして企画段階から粘り強く作成に関わっていただいた化学同人東京事務所佐久間純子様，皆様にこの場をお借りして厚く御礼申し上げます。

令和元年8月

編者を代表して

後藤　顕一

文部科学省，中央教育審議会答申，「幼稚園，小学校，中学校，高校及び特別支援学校の学習指導要領等の改善及び必要な方策等について（答申）」，2016.

高校化学では，何をどのようにどの程度学ぶべきか
―― 「大学教育の教育課程編成上の参照基準」からの示唆

　高校化学では，何をどのようにどの程度学ぶべきか。「大学教育の教育課程編成上の参照基準」は，全国民が学ぶべき視点，高大接続の視点，国際標準の視点等から大変参考になる。そこで，ここに，その内容を示すこととする。

「大学における教育の参照基準」とは？

　平成20年5月，文部科学省高等局長から日本学術会議会長あてに，「大学教育の分野別質保証の在り方に関する審議について」の依頼が出された。これは，同年3月に中央教育審議会の大学分科会から「審議のまとめ」として出された報告書をもとに「学士課程教育の構築に向けて（答申）」が取りまとめられたことと関連している。依頼を受けた日本学術会議は，この依頼を直接検討する「質保証枠組み検討分科会」に加えて，教養教育・共通教育の在り方に関して検討する「教養教育・共通教育検討分科会」，大学と職業との接続に関わる問題を検討する「大学と職業との接続検討分科会」を設置して，3つの分科会間の相互連携を保持しながら検討を進めた。

　その結果，大学教育の分野別質保証の在り方検討委員会から，平成22年7月に「大学教育の分野別質保証の在り方について」の回答が出され，そこで分野別に教育課程編成上の参照基準をつくることが決められた。各分科会で検討が開始され，平成24年度から31年度までに28分野の参照基準が公表され自然科学系では生物学（2013年度），地球惑星科学（2014年度），物理学・天文学（2016年度）と続いた。化学分野の参照基準の作成は後塵を拝していたが，平成25年5月に日本学術会議第三部化学委員会の下に「化学分野の参照基準検討分科会」が設置されて作業を進め，元号が変わる直前の平成31年2月に公表された（website）。この参照基準は，あくまでも初中等教育の学習指導要領ほど詳しく具体的なものではない。「分野の本質的な部分を抽出して提示することにより，外形的な標準化を求めるのではなく，各大学が，それぞれの理念・状況に即した独自の教育課程編成を行うことを支援する」ことを意図している。ここでは，本書と関連性の深い高大接続や探究活動に関する部分を中心に概説する。

「化学分野の参照基準」とは？

　参照基準の章立ては，（1）化学の定義，（2）化学固有の特性，（3）化学を学ぶすべての学生が身に付けることを目指すべき基本的な素養，（4）勉学方法及び勉学成果の評価方法に関する基本的な考え方，（5）専門性と市民性を兼備するための教養

教育，から成る．(1) 化学の定義と (2) 化学固有の特性では，高校の化学基礎の最初の「(1) 化学と人間生活」，化学の最後の「(5) 化学が果たす役割」と共通する見方として，学問としての化学と生活の中での化学の両方の重要性に触れられている．その化学の個性を踏まえて，(3) に記述されている化学を学ぶすべての学生が身に付けることを目指すべき基本的な素養として，以下の6つが提示されている．

1) 物質の種類や形，性質などの科学的な見方，
2) 生物の構成要素や生命活動の分子やイオンを基本とした捉え方，
3) 他の自然科学（物理学，生物学，地球科学，天文学など）との関わり，
4) 人工物質を設計，創製するための化学反応，
5) 人類の歴史と化学との関係，
6) 環境，エネルギー，資源，医療，情報など人類の未来を支える化学

さらに，それらの素養を得るために必要な化学の知識や理解を，具体的な学問体系の視点から，「物質の三態ならびにそれらの構造・性質，分子間相互作用」から「化学工学」までの18の事柄に整理し，それらと，上記6つの基本的な素養との関係，ならびに大分類である物理化学，分析化学，無機化学，有機化学，生化学，あるいは純正化学，応用化学，化学工学との関係が明示されている．

「(4) 勉学方法及び勉学成果の評価方法に関する基本的な考え方」には，初中等教育で目指している主体的・対話的で深い学びや探究活動の質的な充実に通じる記述が数多く現れている．例えば，勉学では「1) 物質の多様性を包括的に把握し物質の形態や振る舞いを支える基本的な仕組みを理解するとともに，2) その基礎原理に基づく測定法や解析方法を考案し物質の構造・反応機構を解明する素養を培い，3) 物質を有効かつ安全に利用するために人類が築き上げてきた知識や技能の基本を習得し，4) 更にこれを発展させ物質の設計・合成と機能評価ができる実践力を身につけることが重要である」と述べられ，勉学方法として，講義，演習，実験，実習，セミナー，課題研究，が掲げられている．さらに，「能動的に学修し，思考力・判断力・表現力を高め，主体的に課題を発見し解決する力を育成する」ことの重要性が強調されている．

勉学方法の一つである「課題研究」については，次のように記述されている．「課題研究の取り組み方は中学校，高等学校において，すでに学修している．しかし大学では高度な化学の知識と理解を得るとともに，さまざまな実験器材や先端の測定・解析機器を用いることができるので，高度な質と内容の課題研究を実施することが可能である．社会においても至要たる課題研究力の育成は化学分野において極めて重要であり，学生の資質や能力を向上させる卒業論文研究の果たす役割は大きい」．また，課題研究の評価方法については，次のように記述されている．「課題研究においては，課題・研究目的の設定，研究計画・研究方法の策定，研究の遂行とそれに伴って生じる問題の解決，得られた結果の解析・考察，研究成果のまとめ

と結論など，課題研究の全体を論文としてまとめることを求めるとともに，発表の場を設け，課題研究の成果発表の評価を行うことが必要である。課題研究が適切に行われたかどうかは，課題の内容と取り組む方法によって評価の尺度が多様になって当然であるが，意欲や創意・工夫などの主体的な取り組み方も重要な評価対象とすることが求められる」。

　以上のように，本参照基準では大学が中等教育と社会の間に位置することを踏まえ，高校までに獲得した探究力を高めて，社会で活躍するのに必要な学士力の獲得に課題研究の重要性が強く示されている。このことは，各大学でつくる具体的なカリキュラムでは，常に中等教育での生徒の成長度，特に探究力の育成状況に合わせて，スムーズに接続できるように対処していく必要があることを示している。本参照基準が公開されてからまだ日が浅いが，新学術指導要領の基本方針と円滑につながっており，大学においては，この参照基準と高等学校の新学術指導要領に基づいた化学教育のカリキュラムを編成されることが望まれる。そして，高大の接続が双方向で上手く行くことを認識することにより，高校と大学の教員が自信をもって化学の授業を行い，生徒が安心して向上心を持って化学を学ぶ環境が整うことを期待したい。

西原　寛

本書の読み方

第三部「化学基礎」, 第四部「化学」の各章は, 見開きで構成されています.

- この章で学習する本質的な意味を冒頭で説明します.
- この章で育成すべき資質・能力をまとめています.
- 学習すべき項目を概念図に表しました.
- 教師と生徒のわかりやすい会話を通じて学習展開が進みます.
- 学習に関連する器具やデータを図や写真でわかりやすく示します.

わかりやすい見開き構成！

探究の過程のどこの部分を解説しているか赤い線で囲みました．

探究の過程ごとに
「学習指導の概要」と
「資質能力の例」をまとめました．

[実践上のポイント]
[理解が進んでいる生徒に対して]
[支援を必要としている生徒に対して]，ほか，
学習指導上，注意すべき重要項目をポイントとしてまとめています．

探究の過程のどこの部分を解説しているか赤い線で囲みました．

目次

はじめに　　　　　　　　　　　　　　　　　　　　　　後藤顕一 ･･････ iii

高校化学では，何をどのようにどの程度学ぶべきか
　　──「大学教育の教育課程編成上の参照基準」からの示唆　　西原　寛 ･･････ v

本書の読み方 ･･ viii

第一部　探究型授業をライブで見る ･･････････････････････････････････ 1

　実録ライブ授業！　実験で見いだす反応物の量と化学反応式との関係
　　　　　　　　　　　　　　　　神　孝幸・飯田寛志・野内頼一 ･･････ 2

第二部　「化学基礎」プロローグ ････････････････････････････････････ 33

　「化学びらき」で伝えよう！　　　　　　　　　　　　　松髙和秀 ･･････ 34

第三部　「化学基礎」探究型授業の実践 ････････････････････････････ 45

　第1章　化学の特徴　　　　　　　　　　　　　　　　　神　孝幸 ･･････ 46
　第2章　単体と化合物（塩化ナトリウムの確認）　飯田寛志・小林邦佳 ･･････ 60
　第3章　電子と原子核の発見の歴史　　　　　　　飯田寛志・渡部智博 ･･････ 68
　第4章　酸・塩基　　　　　　佐藤　大・佐藤友介・上村礼子・飯田寛志 ･･････ 80
　第5章　酸化還元反応の利用　　　　　　　　　　　　　後藤顕一 ･･････ 94
　第6章　化学が拓く世界─安全な水を得るためには　　　神　孝幸 ･･････ 104

第四部　「化学」探究型授業の実践 ････････････････････････････････ 119

　第7章　凝固点降下　　　　　　　　　　　　　北川輝洋・飯田寛志 ･･････ 120
　第8章　化学反応と熱・光「ヘスの法則」　　　　　　　鮫島朋美 ･･････ 134
　第9章　エントロピーとは何だろう　　　　　　　　　　飯田寛志 ･･････ 146
　第10章　アルカリ金属　　　　　　　　　　　　渡部智博・飯田寛志 ･･････ 164
　第11章　混成軌道　　　　　　　　　　　　　　　　　　飯田寛志 ･･････ 178
　第12章　有機化合物の同定　　　　　　　　　　竹内信治郎・飯田寛志 ･･････ 202

第五部　役立つ情報 ……… 219

大学入学共通テスト試行調査問題から見る探究型授業実践　小林邦佳 ……… 220

実験の安全配慮への注意事項——学習指導要領解説より　野内頼一 ……… 230

国際単位系（SI）　渡部智博 ……… 232

索　引 ……… 235

コラム目次 COLUMN

菊池　正仁	理科の可能性を最大限生かす授業を実践しよう	xii
岩田　久道	高校化学授業における探究とは	32
高橋　三男	空気亜鉛電池を使った酸素センサー組み立てキットの紹介	44
齊藤　幸一	『新・学習指導要領』で考えること	58
石井　英真	教科教育における探究の重要性	59
藤田　勲	鉄検出実験から見える自然	67
渡辺　正	電気化学の勘所（カンドコロ）	103
伊藤　克治	教員養成大学の化学教育における相互評価	118
清原　洋一	学習指導要領改訂における探究の重要性	133
大平　和之	単元を構想する際に必要な要素とは	145
福村　裕史	エントロピーと乱雑さ	162
柄山　正樹	「高大接続の視点から見る高校化学」高校までの科学的な経験の大切さと高大接続の必要性	163
寺田　光宏	資質・能力の育成の先進国ドイツの化学教育——教育スタンダード・化学の課題実例—	177
長谷川　正	電子の波動性と軌道	180
赤石　定治	SSH課題研究と高校化学のつながり——授業での取り上げ方	218
林　誠一	これからの大学入試の視点から見る高校化学	227
小林　邦佳	大学入試問題と探究活動を結び付けた実践例	228
渡部　智博	国際単位系（SI）	234
川合　眞紀	科学者の視点から	238

理科の可能性を最大限生かす教育を実践しよう

菊池　正仁
（日本理化学協会顧問・文部科学省SSH企画評価会議協力者）

私には，理科教育を発展させていくために実現したい夢がある。

まず，高等学校での教科としての「課題研究」の設置である。この実践の素晴らしさはSSHを中心とする生徒たちが教えてくれた。自分で課題を考え，仮説を設定して解決に向かって取り組むことが，将来の科学者やそれを支える科学的リテラシーを持つ人々を創っている。

研究者は研究に命を懸けている。生徒の課題研究はレベルも覚悟もとても研究者とは比べようもないと思われる。しかし，自分から取り組もうという意欲は本当に大切である。

新しい学習指導要領の中に選択教科「理数探究」がある。この選択教科こそ「課題研究」の成果を引き継ぐものである。すべての学校にこの教科を設置することが日本の科学技術立国を維持・発展させる唯一の道だと確信している。

二つ目は，大学教育へのお願いである。学士力が話題になっている中，大学でも「課題研究」のような自ら学ぶ機会を設定して頂きたい。学ぶべきものが多くある中でこのような時間を創ることは，大学の指導体制等からも大変なことはわかっている。しかし，大学での早い時期での「課題研究」は，学生が「研究」に対しての真摯な取り組みをしていくための，自ら考える力を育成する。早期に生涯のテーマを見つけた研究者ほど成果を出していると言えるので，ぜひ取り組んでいただきたい。

また，高校での課題研究の設置を支援するために，大学入試における選抜の中でも「自ら学ぼうとする姿勢」をより積極的に評価していく事が出来ないだろうか。

この夢を実現するためには，「課題研究」の設置と共に各教科の中で生徒に考えさせる授業の実践が不可欠である。この本を活用して，実践する教員の指導力を高めていってほしい。

第一部

探究型授業を
ライブで見る

実録ライブ授業！
実験で見いだす反応物の量と化学反応式との関係

実録ライブ授業!
実験で見いだす反応物の量と化学反応式との関係

1 授業の概要・ねらい

　この記録は，公立A高等学校において，平成30年9月19日（水）の第5校時と平成30年9月21日（金）の第1校時（午前8時45分から9時35分まで）に，1年生の学習集団（男子21人，女子19人，計40人）に対して化学実験室で行われた，神　孝幸による化学反応式の授業についてまとめたものである。

　この単元では，化学反応に関する実験などを行い，化学反応式が化学反応に関与する物質とその量的関係を表すことを見いだして理解させることをねらいとしている。また，化学反応式の係数の比が化学反応における物質量の比を表すことや，反応に関与する物質の質量の間に成り立つ関係を物質量と関連付けて扱うことで，物質の変化量を化学反応式から求めることができるようにすることを目指す。

2 教育内容と学習者の実態

　この2時間の授業では，炭酸カルシウムと塩酸を反応させる実験と，炭酸水素ナトリウムを熱分解させる実験を扱う。

　化学反応式の係数の比と化学反応における物質量の比はどのような関係になっているのかについて，実験結果から反応物と生成物の物質量の比を求め，化学反応式の係数の比と比較させることを通して，物質量の比が化学反応式の係数の比を表していることを見いだして理解させる授業構成としている。その際，化学反応式の係数の比は，反応物と生成物の質量の比を表しているのではなく，物質量の比を表していることに気付かせることによって，化学反応の量的関係を物質量で表すことの有用性を感じさせる授業を展開している。

　この授業の学習集団は，これまでの探究的な授業を通して少しずつ化学への興味・関心が高まってきている。

3 探究の過程

　中学校理科で扱った内容と関連させながら実験を行い，実験の結果を分析して解釈し，規則性を見いだしたり，認識を深めたりするなど，探究する過程を経験させることが大切である。生徒が探究の方法を実際に体験し，科学的に探究する力の育成を図ることが重要である。

　本授業では，「課題の把握（発見）」「課題の探究（追究）」「課題の解決」などの探究の過程のうち，「課題の解決」に重点を置いている。実験結果を分析して解釈する中で，生徒が主体的に課題に取り組み，自ら考えることを通して，化学反応式の係数が反応物の質量の比ではなく，物質量の比を表していることを見いだすことができるようにする。また，見いだしたことについて発表する機会を設けるなど，表現力等の育成を図ることも大切である。

1時間目

2時間目

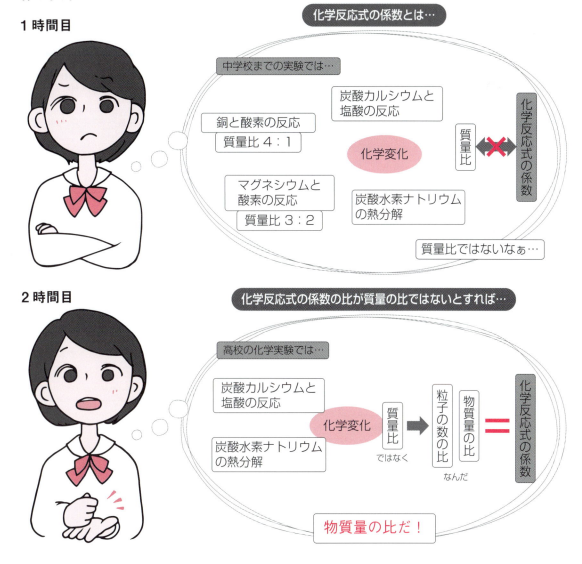

4 探究の過程を踏まえた学習指導の概要例

2時間計画の1時間目

探究の視点		学習指導の概要	資質能力の例
「課題の把握（発見）」	自然事象に対する気付き	・中学校における既習の法則として、定比例の法則、質量保存の法則を思い出させる。 ・中学校で行った塩酸と炭酸カルシウムの反応実験と、思い出させた法則との関連を示し、キーワード「質量」に気付かせる。	●自然事象を観察し、必要な情報を抽出・整理する力
	課題の設定	・「塩酸と炭酸カルシウムの化学反応式において、炭酸カルシウムと二酸化炭素の係数は質量の比に関係しているのではないか。」	●見いだした関係性や傾向から、課題を設定する力
「課題の探究（追究）」	仮説の設定	・「塩酸と炭酸カルシウムの反応で、炭酸カルシウムと二酸化炭素の質量の比は、化学反応式の係数の比から1：1となる。」	●見通しを持ち、検証できる仮説を設定する力
	（検証計画の立案）	・塩酸と炭酸カルシウムを反応させる際に、一定量の塩酸と反応させる炭酸カルシウムの量を変化させ、反応量を比較する目的を意識させる。	
	観察・実験の実施	・2.0 mol/L 塩酸 30 mL と、炭酸カルシウム 0.5 g、1.0 g、1.5 g、2.0 g、2.5 g、3.0 g を反応させ、反応前後の質量を測定することによって、発生した二酸化炭素の質量を求める。	●観察・実験を実行する力
	結果の処理	・反応した炭酸カルシウムと生成した二酸化炭素の質量について、グラフ化するなどして関係性を求める。	●観察・実験の結果を処理する力
「課題の解決」	考察・推論	・考察例 「反応した炭酸カルシウムと生成した二酸化炭素の質量は比例関係にあるが、質量の比は化学反応の係数の比である1：1とはならず、約2.3：1（100：44）となる。」 「化学反応式の係数の比である1：1は反応により消費した炭酸カルシウムと発生した二酸化炭素の物質量の比を表している。」	●観察・実験の結果を分析・解釈する力

2時間計画の2時間目

探究の視点	学習指導の概要	資質能力の例
「課題の把握（発見）」 自然事象に対する気付き	・中学校で行った実験の中で、この他に化学反応に関わる物質の物質量の比と化学反応式の係数の比の関係を見いだすことができるのではないか。	●自然事象を観察し、必要な情報を抽出・整理する力
課題の設定	・「炭酸水素ナトリウムを熱分解した場合に生じる炭酸ナトリウムの物質量の比は、化学反応式における炭酸水素ナトリウムと炭酸ナトリウムの係数の比と一致するのではないか。」	●見いだした関係性や傾向から、課題を設定する力
「課題の探究（追究）」 仮説の設定	・「炭酸水素ナトリウムの熱分解における、炭酸水素ナトリウムと炭酸ナトリウムの物質量の比は、化学反応式の係数比から2：1となる。」	●見通しを持ち、検証できる仮説を設定する力
観察・実験の実施	・炭酸水素ナトリウム2.0gを反応させ、反応後の炭酸ナトリウムの質量を測定する。	●観察・実験を実行する力
結果の処理	・生成した炭酸ナトリウムの物質量と、反応した炭酸水素ナトリウムの物質量の比を求めて、化学反応の係数と比較する。	●観察・実験の結果を処理する力
「課題の解決」 考察・推論 表現・伝達	・考察例 「炭酸水素ナトリウム2.0g、炭酸ナトリウム1.3gは、それぞれ0.024molと0.012molであることから、化学反応の係数の比である2：1は反応により消費した炭酸水素ナトリウムと生成した炭酸ナトリウムの物質量の比を表している。」	●観察・実験の結果を分析・解釈する力 ●考察・推論したことや結論を発表したり、レポートにまとめたりする力

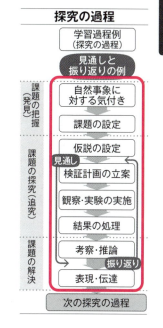

探究の学習過程のすべてについて体験させることを重視する授業計画例である。

1時間目では、中学校で扱った炭酸カルシウムと塩酸の反応を用いて、反応前の炭酸カルシウムと反応後に生成する二酸化炭素の質量の比を求め、化学反応式の係数の比と一致しないことを気付かせ、化学反応式の係数の比は物質量の比と一致することを示して、他の反応でも同様のことが成立するかどうか疑問を持たせる展開としている。

2時間目では、他の反応として再び中学校で扱った炭酸水素ナトリウムの熱分解を取り上げる。反応前の炭酸水素ナトリウムと反応後に生成する炭酸ナトリウムの質量を実験により求め、その物質量の比が化学反応式の係数比と一致することを見いだして理解することを促す展開としている。

5 授業実践の記録（1時間目）

ONE POINT

この記録は，藤岡（1991）のストップモーション方式による授業記録の形式を基に記述している。

先生の顔で始まる文章は教師の発言，生徒の顔で始まる文章は生徒の発言，色つき枠内は探究の過程に関わる教師の発問等，囲み内は板書内容，配布プリントの内容，●は探究の過程において育成すべき資質・能力等を表している。

また，授業過程における探究の視点で，授業の特徴，ポイント，課題などの分析等について丸囲み数字① ② …で，それぞれ示している。

藤岡信勝，『ストップモーション方式による授業研究の方法』学事出版，53 ～ 65，（1991）．

神　孝幸（じん　たかゆき）

1972 年生まれ。青森県出身。青森県総合学校教育センター指導主事を経て，現在（2019 年），青森県公立高等学校勤務。化学を担当。趣味は旅行，食べ歩き，呑み歩き。こう見えても，国民体育大会ボート競技の優勝監督。

5.1　中学校理科の学習を思い出す

ちょっと，これを前から順に回して。

　教師は，取り出した白い拳ほどの大きさの岩石のようなものを最前列の生徒に手渡し，回して見るように指示する。生徒は興味深げに岩石状の物体を見ながらつぶやいている（**図 1**）。

石灰石？岩？

　生徒は，この岩石のようなものが，この後の授業にどのように関わってくるのか想像している様子である。

　教師は，回ってきた岩石のようなものを見ながら，生徒に問いかける。

この石，何だと思う？

石灰石。サンゴ。化石。

　生徒は口々につぶやいている。

おぉ，では石灰石は何でできている？

石灰。炭酸カルシウム。

そう，炭酸カルシウムです。では，炭酸カルシウムを用いて中学校の時にどんな実験をしたか，覚えていますか？

図1 この石（丸印）は何だろうか？

塩酸と…。

石灰石，大理石に塩酸を入れて？

二酸化炭素が出た。

そう，石灰石や大理石に塩酸を加えると，二酸化炭素が発生しますね。

　教師は，この実験を中学校でやったことがない人の挙手を求めるが，手は上がらない。

全員実験していますね，皆さんも皆さんの中学校もすばらしいです。

　教師は，炭酸カルシウムと塩酸の反応式を板書する（図2）。

炭酸カルシウムに塩酸を加えたら，塩化カルシウム，水，二酸化炭素が生成。
⇩
$CaCO_3 + 2HCl \longrightarrow CaCl_2 + H_2O + CO_2$

図2 炭酸カルシウムと塩酸の化学反応式を示す

今日は,中学校で行ったこの実験を再度行ってみようと思います。中学生の頃に戻った気分でやってみましょう。

(ここまで7分)

続いて教師は,中学校で行った実験を思い出させるために,炭酸カルシウムと塩酸の反応の様子を録画したビデオをスクリーンに映し出す(図3)。

図3 実験ビデオ「炭酸カルシウムと塩酸の反応」を視聴する

①塩酸入りビーカーと薬包紙上の炭酸カルシウムの合計質量を測定する。
②炭酸カルシウムを塩酸の中に静かに投入すると,泡立ちながら反応し,二酸化炭素が発生する。
③炭酸カルシウムを塩酸の中にすべて投入後,再度,ビーカーと薬包紙の合計質量を測定する。

この実験では,電子天秤の質量表示に注目してください。反応前と比べて質量が減りましたね,なぜ減ったのか,覚えていますか?周りの人と話してみてください。

生徒は,二酸化炭素が発生したため質量が減ったと話している。

二酸化炭素が空気中に逃げたため,質量が減ったのですね。この実験を中学校で行っているのです。

ここで,教師は座席に戻るように指示する。
続いて,教師は中学校で学習した法則名とその法則がどのような意味を持つのか,ノートに記入するよう指示する。
多くの生徒は「質量保存の法則」を,若干の生徒はそれに加えて「定比例の法則」を挙げている様子である。
教師は,となり同士で考えを共有するよう指示する。
生徒は,中学校での既習事項について話し合いながら確認し合っている様子である(図4)。

図4 質量保存の法則とは…

教師は,中学校での既習の法則について解説を始める。

質量保存の法則は,反応の前後で質量の総和は等しい,というものでした。もう一つ,高校入試でもよく取り上げられるマグネシウムと酸素の反応で,反応するマグネシウムと酸素の質量の比は3：2である,という問題に取り組んだでしょう。
化学反応に関わる物質の質量比は一定である,という法則を覚えていますか。(図5)

定比例の法則[*1]。

そう,反応するマグネシウムと酸素の質量のグラフから,3：2で反応することがわかる,ということを学習したと思います。
つまり,中学校で学習した法則は,化学反応と何を関係付けて考えたのでしょう？

質量。

そう,中学校では質量というキーワードで化学反応を考えてきたのです。

図5 思い出した？

[*1] 定比例の法則とは,化合物は一定の元素組成を持つということ。なお,日本化学会では,2017年の高校化学で用いる用語に関する検討の中で「一定組成の法則」と呼ぶことを提案している。

教師は,板書した化学反応式を指さしながら続ける。

そこで、本日の課題です。

教師は、本時の課題を設定する（図6）。

| 化学反応式の係数の比は、□□□□に関係しているのではないか。 |

図6　課題を提示する

この四角に入る文字は何でしょうか？　4人グループで話し合って考えをまとめてください。時間は3分間です。

　生徒は、2人が向かい合う4人1班の実験テーブル座席に座ったまま、班ごとに対話を始める。

重さ。質量。重量。

　生徒は、中学校の法則を振り返る活動での内容と関連付けて考えている様子である。

　3分後、教師は1つのグループを指名し、「質量」との答えに対して解説を始める。

化学反応の係数比は、質量に関係している、としたいところですが、係数比に対する語を選ぶとすると、化学反応式の係数の比は、<u>質量の比</u>に関係しているのではないか、とします。

（ここまで19分）

 探究の視点

①中学校理科での既習事項である質量保存の法則、定比例の法則を思い出し、本時の実験と関連付けるためのキーワードである「質量」に気付かせる、という展開である。また、気付いたキーワード「質量」と本時で扱う化学反応式の係数とを関係付けて、学習課題の設定を行うという、探究の過程「課題の把握（発見）」の一場面である。学習者が持っている知識のうち、本時と関連のある事項について、教師が与えるのではなく学習者から引き出し、高等学校での既習事項である化学反応式の係数と関係付けて、教師が学習者とともに課題を設定する、ということを意識した授業と言える。

続いて，教師は，本時の実験についての説明に移る。

それでは，この課題のもと，実験に取り組んでいきます。
先ほど見たビデオの実験を参考にしましょう。

教師は，炭酸カルシウムと塩酸の実験を行うと告げる。
初めに，課題として設定した，化学反応式の係数の比は，<u>質量の比</u>に関係しているのではないかという視点で，この実験における仮説を設定する。

炭酸カルシウムと塩酸の反応では，（図3より）反応する炭酸カルシウムの質量と発生する二酸化炭素の質量の比はいくつになりますか？

（化学反応式の係数の比から）1：1になるのではないでしょうか。

そう，この仮説を実験で確かめてみる，というものです。

探究の視点

②見いだした課題から本時で扱う内容との関連の中で仮説設定を促し，見通しを持って実験に取り組ませる展開である。学習者が見いだした課題から仮説を設定させるという探究の過程は，見通しを持って仮説を設定する力を育成するために，学習者に体験させたい重要な探究の過程「課題の探究（追究）」の一場面であると言える。

●見通しを持ち，検証できる仮説を設定する力

5.2 炭酸カルシウムと塩酸を反応させる

続いて，教師は実験の手順についてのプリント（図7）を配布し，班ごとに異なる炭酸カルシウムの質量とすることについて板書で示す（図8）。

① 炭酸カルシウムの質量 A
② 1.0 mol/L 塩酸 50 mL 入りコニカルビーカーの質量 B を測定
③ 炭酸カルシウム①を塩酸②に少しずつ加えて反応
④ コニカルビーカーを振って泡が出なくなったら，反応後のコニカルビーカーの質量 C を測定（未反応の炭酸カルシウムがないか確認）
⑤ ①〜④を2回行い，「平均」を算出

図7 実験の手順のプリントを配布する

炭酸カルシウムの質量 A		
1・2班：1.0 g	3・4班：1.5 g	5・6班：2.0 g
7・8班：2.5 g	9・10班：3.0 g	

図8　班ごとに質量を変える

まず，自分の班は何グラムの炭酸カルシウムで実験するのか確認してください。
次に，①〜⑤（図7）を見て，どのような操作をするのか相談してください。

　班ごとに，炭酸カルシウムが異なる質量で実験を行っている。教師は，1分間時間を取り，班内で炭酸カルシウムの質量を確認し，実験器具や試薬を見ながら操作手順を相談させることによって，実験操作の見通しをもたせている。

実験手順の中でわからないところがあったら，班内で共有して教え合ってください。

　生徒は，班内で実験操作について確認し合っている（図9）。

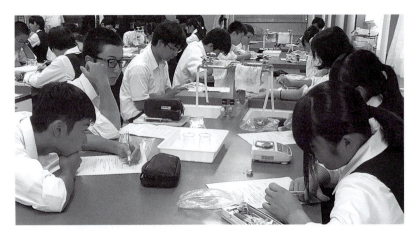

図9　班ごとに質量を変える

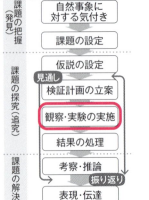

探究の視点

③実験操作の確認をさせている。単に，実験プリントや板書の実験手順に沿って実験を実施するのではなく，与えられた実験手順であっても複数で確認させ，実験前に手順に関する疑問点を解消させ，さらに実験を実施するための役割分担まで話し合わせ，考えさせている。探究の過程「課題の探究（追究）」の「観察，実験の実施」における一場面である。探究の過程を意識した最初の実験であるため，ここでは実験操作を確認させているが，準備された実験計画であっても，1年間を通して学習者が主体的に実験操作を確認できるようにしたい。

続いて,教師は実験手順と結果の処理について,板書を使って解説する。

反応させる前の炭酸カルシウム A と塩酸入りコニカルビーカー B の合計質量と,反応後のコニカルビーカーの質量 C,どちらが軽い？

反応後。

そう,反応後に減った分は何の質量？

二酸化炭素。

そうです。$A+B$ から C を引くと,反応により発生した二酸化炭素の質量となりますね。

この実験を2回行って,発生した二酸化炭素の質量の平均値を求めてください。

【探究の視点】

④実験を始める前に,結果の処理方法や手順について確認している。探究の過程「課題の探究(追究)」の「結果の処理」における一場面である。実験前にこの学習過程を経ることは,見通しを持って結果を処理するために重要な展開であると言える。これについても実験計画と同様に,1年間を通して学習者が主体的に実験結果の処理方法や手順について確認できるようにしたい。

教師は,実験上の注意事項として,実験は座らずに立ったまま行うこと,実験中は保護眼鏡を使用すること,実験は実験操作,質量測定,記録を役割分担すること,そして最も注意しなければならない事項として,溶液の飛散を防ぎ危険を防止するため,コニカルビーカー内の塩酸をゆっくりとかき混ぜながら,炭酸カルシウムを静かに加えることを指示する。

（ここまで26分）

教師の合図とともに,実験を開始する（図10）。

14　第1部　探究型授業をライブで見る

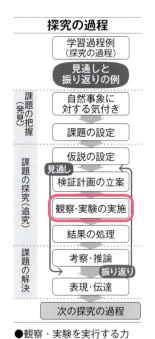

●観察・実験を実行する力

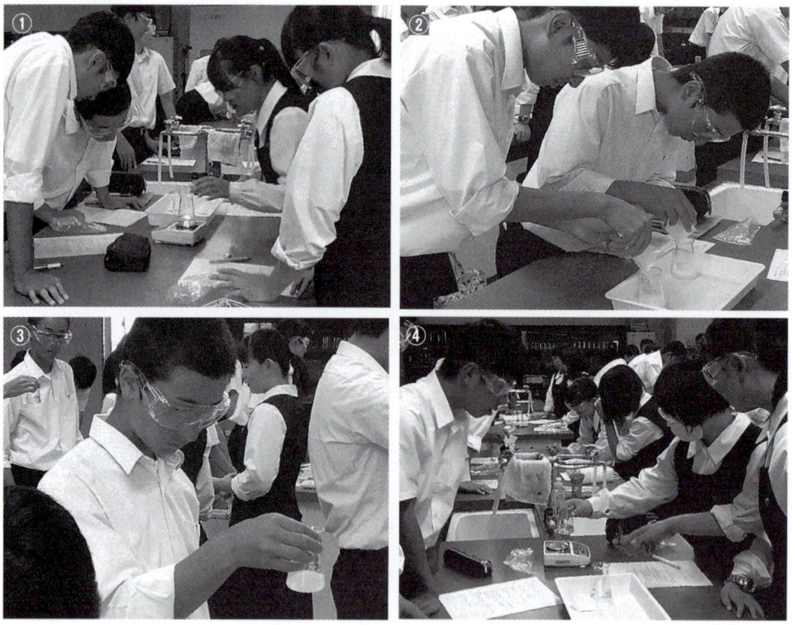

図10　実験に取り組む

①塩酸入りコニカルビーカーの質量をはかる。②炭酸カルシウムを静かに入れる。③ゆっくりかき混ぜる。④反応後の溶液を含めたコニカルビーカーの質量をはかる。

　実験開始8分後，教師は班内で実験結果を共有すること，班の実験結果を黒板上の表内に書き込む（図11）ことを指示する。その際，0.5gは教師による事前実験の結果であることを伝える。

（ここまで35分）

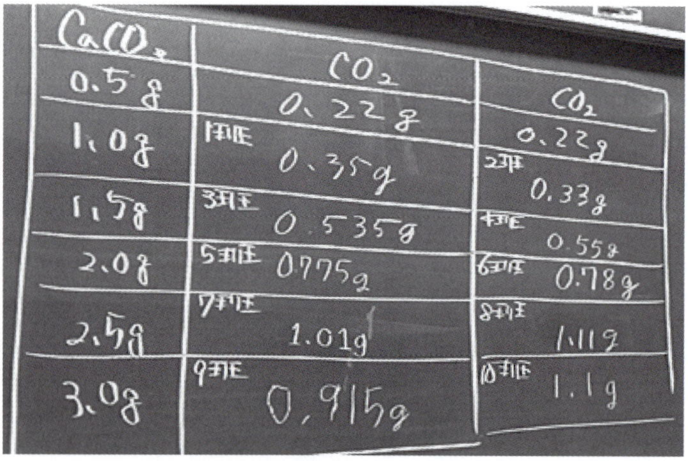

$CaCO_3$	CO_2		CO_2
0.5 g	0.22 g		0.22 g
1.0 g	1班 0.35 g		2班 0.33 g
1.5 g	3班 0.535 g		4班 0.55 g
2.0 g	5班 0.775 g		6班 0.78 g
2.5 g	7班 1.01 g		8班 1.11 g
3.0 g	9班 0.915 g		10班 1.1 g

図11　実験結果をまとめる

続いて、生徒は、黒板上の各班の実験結果を用いて、横軸を反応した炭酸カルシウムの質量、縦軸を発生した二酸化炭素の質量とするグラフの作成に取り組む。

探究の視点
⑤得られた実験結果をグラフ化して、炭酸カルシウムと二酸化炭素の質量の関係性について考えさせるための探究の過程「課題の探究（追究）」の「結果の処理」における一場面である。グラフ化した実験結果から学習者が独立変数と従属変数の関係性に気付き、仮説を確かめるための材料の一つとして認識することを促す展開も大切にしたいところである。

5.3　化学反応式の係数比とは何か

教師は、生徒のグラフ作成を確認後、スクリーンにグラフの例を示しながら解説する（図12）。

データはどのような関係になっていると言えますか？

比例関係。

だいたい直線の関係。

そう、この〔図13（P.16）の実線〕のような比例関係となっていると考えることができます。

図12　グラフから何が言える？

探究の視点
⑥データ処理の場面で、外れ値がある場合については、実験結果を得た際に、外れ値となる要因があったかどうか、学習者に検討させることが考えられる。明らかな要因が見当たらない場合は、小さな要因が複数存在する可能性を検討するなど、外れ値を含めて考察する、または除いて考察することの妥当性を多面的に検討させることも考えられる。

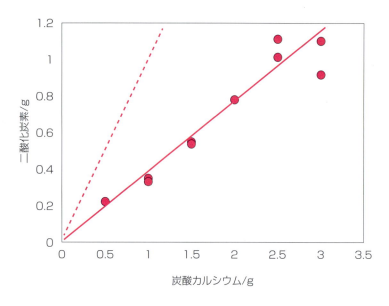

図13 実験結果をまとめる

先生：化学反応式の係数の比は質量の比に関係しているだろうか。炭酸カルシウムと二酸化炭素の係数の比は1：1ですね。ということは，炭酸カルシウム1gが反応すると二酸化炭素は何g発生することになりますか？

生徒：1g。

先生：そうです。ところがみんなのデータはそうなっていない。もしも質量比1：1で反応するなら，この直線（**図13**の点線）のようなグラフになるはずですね。

探究の視点

⑦グラフ化した実験結果から，炭酸カルシウムと二酸化炭素の質量の比が1：1にならないことを学習者が見いだすことが大切である。グラフから，どのようなことが見いだせるのか，学習者が考えるような展開とすることが大切である。

（ここまで44分）

先生：したがって，課題に対する結論は，化学反応式の係数の比は質量の比と関係している？ 一致している？

生徒：関係？……一致はしていない。関係はありそう？

そう，一致はしていないですね。それでは，化学反応式の係数の比は何と一致しているのでしょう？
前時の学習を思い出してみてください。化学反応式の係数を求めるときに何をしたか覚えていますか？

原子の数を（反応前後で）比較して，係数を求めた。

今までの学習をさらに振り返りましょう。原子の数，といったら何を思い浮かべる？

モル。

そのとおり，原子の数は物質量に変換できる。ということは，化学反応式の係数の比は…

モルの比？

物質量の比になっているとしたら，それを確かめるためには，質量を物質量に変える必要がある。

質量を物質量に変えるときに必要なのは…

原子量。分子量。

そうです。原子量から二酸化炭素の分子量を求めると 44，炭酸カルシウムの式量は 100 となります。
それでは，炭酸カルシウム 0.5 g の時の二酸化炭素 0.22 g を使って，それぞれ物質量を求めて，物質量の比を計算してみてください。

　生徒は，炭酸カルシウムと二酸化炭素の物質量の比を計算して求める活動に取り組む（図14）。

探究の視点
⑧化学反応式の係数の比は質量の比と関係はしていそうであるが，一致はしていない。だとすれば，何の比であるのか，学習者の思考を丁寧に導いている。化学反応式についての既習内容を活用して，炭酸カルシウムと二酸化炭素の物質量を求めて化学反応式の係数の比との関係を明確に認識する学習過程を意図して展開している。

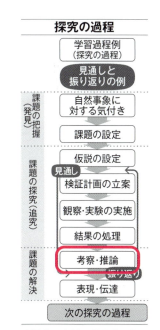

●観察・実験の結果を分析・解釈する力

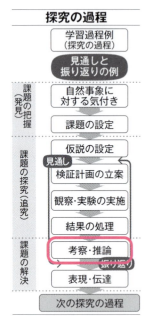

図14　物質量の比を求める

教師は、生徒が物質量の比を計算し終わったことを確認しながら、板書でまとめを行う（図15）。

$$
\begin{aligned}
&\text{炭酸カルシウム（CaCO}_3 = 100\text{）} \ 0.50\,\text{g は } \frac{0.5}{100} = 5.0 \times 10^{-3}\,\text{mol} \\
&\text{二酸化炭素（CO}_2 = 44\text{）} \ 0.22\,\text{g は } \frac{0.22}{44} = 5.0 \times 10^{-3}\,\text{mol} \\
&\qquad\qquad\qquad\qquad\qquad\downarrow \\
&\text{物質量の比　炭酸カルシウム：二酸化炭素 = 1:1　化学反応式の係数比}
\end{aligned}
$$

図15　実験結果から求めた物質量の比が係数の比と一致した！

　炭酸カルシウムと塩酸の反応では、実験結果から、化学反応式の係数の比は質量の比ではなく物質量の比と一致する、という結論でいいですか。

生徒は納得している様子である。

　探究の視点

⑨本時では、学習者の考察や結論についての表現や発表を求めていない。探究の過程「課題の解決」の「表現・伝達」については、この後に続く次の授業で場面を設定することとし、本時では教師がまとめている。

ここでチャイムが鳴る。
教師は続ける。

この反応の実験結果からは,どうやら化学反応式の係数の比は物質量の比と一致していると言えそうです。しかし,本当にそうなのだろうか？

次の時間は,別の反応で確かめてみます。他の化学反応でも係数の比は物質量の比と一致するのかどうか,これを次の時間の課題とします。

探究の視点
⑩ 1つの実験結果から導いた結論を敢えて保留し,次時に取り組む課題を提示している場面である。探究の過程「課題の探究（追究）」の「振り返り」「見通し」と「課題の設定」を意図した展開であると言える。

教師は,次回も化学実験室で行うことを告げて授業を終わる。
本時の授業時間は50分であった。

6 授業実践の記録（2時間目）

前時に行った炭酸カルシウムと塩酸の反応では,反応前の炭酸カルシウムと発生した二酸化炭素の物質量の比が1：1となった。このことを,前時とは異なる反応においても確かめ,学習者が化学反応式の係数の比と物質量の比が一致することを見いだして理解することを促す展開をねらいとした実践である。

6.1 前時の反応を振り返る

教師は,前時の炭酸カルシウムと塩酸との反応の振り返りから授業を始める。

炭酸カルシウムと塩酸の反応では,実験結果から,化学反応式の係数の比は質量の比ではなく物質量の比と一致する,という結論が得られました。

教師は,前時に扱った炭酸カルシウムと塩酸の反応について,振り返りを促す。

前の時間で，炭酸カルシウムと塩酸の反応について，反応した物質の質量を求めてグラフを作成しました。

実験結果から，炭酸カルシウム 0.5 g が十分な量の塩酸と反応すると，二酸化炭素が 0.22 g 発生する結果となりました。

この場合，反応した炭酸カルシウムと発生した二酸化炭素の質量の比は ≒ 5 : 2 となりますが，これは化学反応式の係数の比である 1 : 1 とは一致しません。

これを炭酸カルシウムの式量，二酸化炭素の分子量を使って，それぞれの物質量を求めると，反応する物質量の比は 1 : 1 となりました（図16）。

$$CaCO_3 + 2HCl \longrightarrow CaCl_2 + H_2O + CO_2$$
反応した炭酸カルシウム 0.5 g　　　発生した二酸化炭素 0.22 g

質量比　炭酸カルシウム：二酸化炭素 ≒ 5 : 2
化学反応式の係数比とは一致しない！

炭酸カルシウム（$CaCO_3 = 100$）0.5 g は $\frac{0.5}{100} = 0.005$ mol

二酸化炭素（$CO_2 = 44$）0.22 g は $\frac{0.22}{44} = 0.005$ mol

モル比　炭酸カルシウム：二酸化炭素 ＝ 1 : 1
化学反応式の係数比と一致した！

図 16　炭酸カルシウムと塩酸の反応

教師は，別の実験データを使って反応物や生成物の物質量の比が，化学反応式の係数の比と一致することを確かめさせる。

それではもう一つ，反応した炭酸カルシウム 3.0 g，発生した二酸化炭素 1.32 g との実験データを基に，反応した炭酸カルシウムと二酸化炭素の質量から物質量を求めてみましょう。

生徒は，炭酸カルシウムと二酸化炭素の物質量を求めることによって，化学反応式の係数比である 1 : 1 となることを振り返っている（図17）。

（ここまで 8 分）

図17 前時の反応を振り返る

探究の視点

⑪探究の過程「課題の把握（発見）」の前の「見通しと振り返りの例」の一場面であり，前時の振り返りをする中で，本時の課題につなげている。過不足なく反応した際の実験データを用い，まず教師が例を示し，続いて学習者に取り組ませることにより，振り返りを促している。前時の内容を振り返りながら，見通しを持たせることは，学習者の取り組み意欲を高めることにもつながると言える。

教師は，続ける。

前時の実験結果から得られた結論は，化学反応式の係数の比が物質量の比と一致する，という仮説を確かめられたと考えられます。

しかし，本当にそうなのか，別の反応で確かめてみます。

教師は，本時の課題を板書する（図18）。

> どの反応でも，反応物や生成物の物質量の比と，化学反応式の係数の比は，一致するのだろうか。

図18 課題を提示する

●観察・実験の結果を分析・解釈する力

探究の視点

⑫本時における探究の過程「課題の把握（発見）」の「課題の設定」の一場面である。前時の考察から得られた結論の妥当性を他の反応により検討する展開である。

教師は，中学校で扱った実験を取り上げることを告げる。

 何の反応で確かめるか，中学校で扱った実験で確かめようと思います。中学校で扱った実験は，どのようなものがありましたか？

 銅の粉末を加熱する。（銅と酸素の質量の比は）4：1！

 マグネシウムリボンに火をつける。

 銅板と硫黄。

 炭酸水素ナトリウムの実験。

生徒は，中学校で扱った実験について，その際の反応の様子や反応量についての知識を思い出しながら，次々に反応例を挙げている。

 いろいろな実験を扱いましたよね。今日はみんなが挙げた実験の中の炭酸水素ナトリウム，これを使って確かめようと思います。（図19）

図19 中学校の実験で反応する量を確かめよう

炭酸水素ナトリウムは日常生活でも使われる物質です。炭酸水素ナトリウムは水溶液にすると何性になる？

アルカリ性？

そう，弱いアルカリ性になります。これを利用して，汚れを落とすことに使われます。
中学校で扱った炭酸水素ナトリウムの実験は，どのような実験でした？
塩酸と反応させました。
試験管に入れて加熱して，その時，試験管を傾けました。
そうです。炭酸水素ナトリウムは塩酸と反応して二酸化炭素が発生します，もう一つ，炭酸水素ナトリウムは加熱するだけでも二酸化炭素が発生することを確認したと思います。この性質を利用して，パンなどを膨らませるために使用したりします。
今回は，炭酸水素ナトリウムを加熱した時の反応で確かめようと思います。
（ここまで13分）

探究の視点

⑬中学校で扱った実験，物質名をいくつか思い出させながら，その中から本時の課題の解決に適当な実験を選択している。中学校との接続を意識した展開であり，探究の過程「課題の探究（追究）」の「仮説の設定」と「検証計画の立案」にも関わる場面であると言える。教師が実験を選択する場合であっても，できるだけ多くの実験例を学習者から引き出した上で実験を選ぶことが大切である。

6.2　炭酸水素ナトリウムを熱分解する

　つづいて，教師は本時の実験手順について，板書（図20）により丁寧に説明を始める。

炭酸水素ナトリウムは加熱すると二酸化炭素と水蒸気が発生して，炭酸ナトリウムが生成します。
発生した二酸化炭素と水蒸気は空気中に放出されるので，試験管内に残った物質は，反応後は炭酸ナトリウムだけとなります。
この化学反応の際の反応前の炭酸水素ナトリウムと，反応後の炭酸ナトリウムの質量をそれぞれ測定します。同時に炭酸水素ナトリウムと炭酸ナトリウムの式量から物質量を求めて，反応における炭酸水素ナトリウムと炭酸ナトリウムの物質量の比を求めます。
反応前の炭酸水素ナトリウムと，反応後の炭酸ナトリウム，それぞれの質量を求めるための実験手順は①～⑤のとおりです。

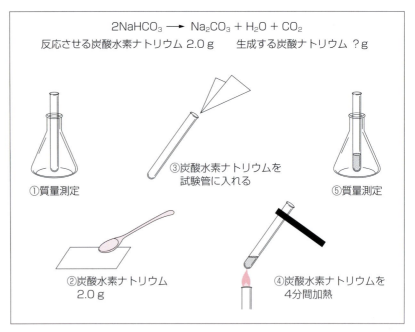

図20 実験手順を示す

教師は，板書（図20）を指さしながら，次の①〜⑤の実験手順を説明する。

①反応前の空の試験管と試験管立てとして使用する三角フラスコの質量を測定する。
②炭酸水素ナトリウム 2.0 g を秤量する。
③試験管に秤量した炭酸水素ナトリウムを注意深く入れる。
④炭酸水素ナトリウムをガスバーナーの中火で4分間加熱する。
⑤加熱後の試験管を三角フラスコに立てて，質量を測定する。

反応前の炭酸ナトリウムの質量と反応後の炭酸ナトリウムの質量の違いはどのように求めますか？

試験管と三角フラスコと炭酸水素ナトリウム 2.0 g の合計質量と反応後の炭酸ナトリウム入り試験管と三角フラスコの合計質量を比較する。

反応前と反応後，どちらが軽い（質量が小さい）？

反応後の方が軽い（質量が小さい）。二酸化炭素と水（水蒸気）が出た分だけ軽くなるから。

そうです。⑤から①の質量を引いて求めた炭酸ナトリウムの質量と反応前の炭酸水素ナトリウムの質量から物質量を計算して，物質量の比を求めます。

（ここまで20分）

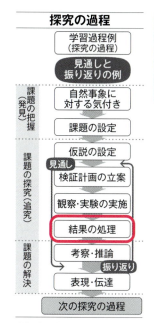

探究の視点
⑭実験の結果を予想させ,結果の処理について確認させている.探究の過程「課題の探究(追究)」の「結果の処理」の一場面である.単に結果の処理方法を与えるのではなく,なぜそうするのかについて考えさせることは,実験手順の妥当性の理解や実験そのものの意義の認識を促すことにつながる.

ここで,生徒から質問が出る.

(中学校の時の実験のように試験管を傾けて)試験管の口を下げなくてもいいですか?

中学校の実験では安全のためにそうしましたね.
今回の実験では試験管にゴム栓をしない開放系で十分に加熱をするため,発生する水は水蒸気となって空気中にすべて放出されるので,液体の水で試験管が破損する心配はありません.試験管の口を下げる必要はないのです.

探究の視点
⑮学習者から出された中学校の実験における注意事項について,実験手順と関連付けて解説している.加熱時間が十分でない場合,水が試験管内に残ることがあることから,加熱時間を4分に設定している.

教師は,続ける.

本時の課題を解決するために,実験から得られた結果のほか,何が必要になりますか?

(炭酸水素ナトリウムと炭酸ナトリウムの)式量.

そうです,式量を用いてそれぞれの物質の物質量を求めますね.

教師は,原子量から計算した式量($NaHCO_3$ = 84,Na_2CO_3 = 106)を生徒に示して,さらに尋ねる.

ところで,この化学反応式では,炭酸水素ナトリウムと炭酸ナトリウムの係数の比は?

(炭酸水素ナトリウム:炭酸ナトリウム=)2:1.

ということは,もし,反応式の係数の比のとおり炭酸水素ナトリウムと炭酸ナトリウムの物質量の比が2:1となるとすれば,炭酸水素ナトリウム2.0 gの物質量から炭酸ナトリウムの物質量を予想できる,さらに炭酸ナトリウムの質量も予想できることになりますね.

探究の視点

⑯実験結果の処理と関連付けて実験結果の予想を促し見通しを持たせる，探究の過程「課題の探究（追究）」の一場面である。ここでは，生徒の思考の進度の違いを考慮して，実験結果を予想することについて，学習者全員には求めてはいない。

（ここまで 30 分）

6.3 見いだして理解する

つづいて，教師は実験時間を 10 分間に設定して，実験開始を指示する（図 21）。

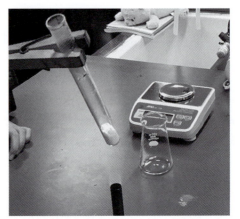

図 21 炭酸水素ナトリウムを加熱する

 炭酸水素ナトリウム 2.0 g は 0.024 mol（2.0/84 mol）。2：1 で反応することから，炭酸ナトリウムは 0.012 mol になりますね。ということは，炭酸ナトリウムの質量は 1.27 g（0.012 × 106 g）になると予想できます。

 炭酸水素ナトリウムの質量 2.0 g と式量 84 から物質量が計算できるね。炭酸ナトリウムの式量 106 と実験によって得られた質量から物質量が計算できるから，物質量の比を求めることができます。

生徒は，実験前に，反応により生成する炭酸ナトリウムの質量を予想した上で実験を行うグループや，実験結果として得られた炭酸ナトリウムの質量から物質量を求めているグループなど，さまざまである。

 探究の視点

⑰実験を行う前に質量を予想した上で実験に取り組んだ学習者にとっては，実験結果から予想がほぼ正しいことを確かめることによって，化学反応式の係数の比が物質量の比を表していることを見いだして理解する場面であ

ると言える。また，得られた実験結果から炭酸水素ナトリウムと炭酸ナトリウムの物質量を求めた学習者にとっては，物質量を求めることによって，化学反応式の係数の比が物質量の比を表していることを見いだして理解する場面であると言える。

学習者が見通しを持って結果を予想した上で実験に取り組んだり，得られた結果から計算により物質量を求めることを促したりする展開とすることによって，学習者が化学反応式の係数の比と物質量の比が一致することを見いだして理解する場面を作り出すことが大切である。

教師は，実験結果と得られた結果から計算した炭酸水素ナトリウムと炭酸ナトリウムの物質量の比を板書するよう指示する（図22）。

生徒は，この反応でも化学反応式の係数の比と物質量の比が一致することを実感している様子である。

（ここまで42分）

図22 物質量の比が化学反応式の係数の比と一致した

教師は，授業をまとめる。

みんなの実験結果から，この反応でも化学反応式の係数の比と物質量の比が一致すると言えそうです。

中学校までの知識では，反応式の係数がどのような意味を持つのかはっきりしませんでしたが，高等学校で新たに物質量という概念を学習することによって，化学反応式の係数とつながったわけです。

物質量の概念は質量と比べると理解しにくく感じる人もいるかと思いますが，化学反応の量的関係を求めるときには質量ではなく物質量で考えることでシンプルに整理して理解することができます。物質量はとても大切で

便利な概念であることが実感できたのではないでしょうか。（図23）

図23 化学反応式の係数の比が物質量の比と一致することを見いだして理解した

　生徒から，他の実験でも試してみたいとの声が上がる。
　教師は，今後扱う他の実験の際に，化学反応式の係数の比と物質量の比との関係について，その都度触れることとし，次の学習に進むことを告げる。
　生徒は，納得している様子である。

物質の式量や分子量がわかれば物質量を求めることができ，化学反応に関わる物質の量的関係は物質量で考えると整理して理解することができる。このことを，この後の学習で活用して進めていきます。

　教師は，振り返りのワークシート（図24）を配布し，記入を進めるよう指示する。
　このワークシートの役割は，学習のまとめを行うために，2時間の学習で見いだしたことについて，他者にわかるように説明を記述し，その記述を同じグループ内の生徒どうしで相互評価することによって，学習者自身が学習の成果を多面的に評価して，その後の学習に役立てる，というものである。

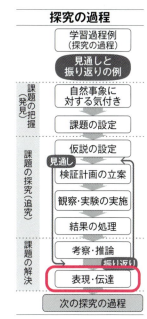

授業質問紙　　　　　　HRNO（　　　）氏名（　　　　　）

自己評価 (1) 反応した炭酸水素ナトリウムの物質量と生成した炭酸ナトリウムの物質量の比が，化学反応式の係数の比を表していることを見いだせましたか。

　　　　見いだせなかった　　1・・・2・・・3・・・4・・・5　　見いだせた

　　　その理由について，他の生徒が分かるように具体的に記述してください

自己評価 (2) (1)の理由は，他者が理解できる表現になっていますか

　　　　理解できる表現ではない　1・・・2・・・3・・・4・・・5　理解できる表現である

　　　その理由について，他の生徒が分かるように記述してください

相互評価 (3) （　　評価者生徒氏名　　）(1)の理由は，他者が理解できる表現になっていますか

　　　　理解できる表現ではない　1・・・2・・・3・・・4・・・5　理解できる表現である

　　　その理由について，他の生徒が分かるように記述してください

相互評価 (4) （　　評価者生徒氏名　　）(1)の理由は，他者が理解できる表現になっていますか

　　　　理解できる表現ではない　1・・・2・・・3・・・4・・・5　理解できる表現である

　　　その理由について，他の生徒が分かるように記述してください

自己評価 (5) 化学反応の量的関係を物質量で表すことの有用性を感じましたか。

　　　　感じなかった　　1・・・2・・・3・・・4・・・5　　感じた

　　　その理由について記述してください

図24　振り返りワークシートで相互評価する

> **探究の視点**
>
> ⑱学習の成果を他者にわかるように記述・表現し，それを生徒どうしで相互評価することによって，多面的に見ることを促す展開としている。生徒による相互評価を学習活動に組み入れて学習を促すことに役立てるという考え方である。相互評価については単なる順位付けの評価ではない学習活動として捉えて実践している点が特徴的である。ただし，生徒どうしで相互評価する場合は，生徒間の良好な人間関係が前提となることに注意する必要がある。

生徒は，ワークシートにより相互評価を行った後，ワークシートを提出して授業を終わる。

授業時間は50分であった。

7 授業質問紙の結果

図24の質問に対する5（肯定的回答）〜1（否定的回答）の回答の割合について，図25に示した。

図25　質問紙調査結果

質問（1）

　反応に係る物質量の比が化学反応式の係数の比を表していることを見いだせたかについて，8割弱の生徒が肯定的に回答をしている。一方，2割程度の生徒はどちらとも言えないと回答している。

質問（2）及び（3）（4）

　見いだせたかどうかについての理由の記述が，他者に理解できる記述となっているか，自己評価と相互評価したところ，自己評価では5割以上の生徒がどちらとも言えないと回答していることに対して，他者に対する評価では8割弱の生徒が肯定的回答をしている。

質問（5）

　化学反応の量的関係を物質量で表すことの有用性について，4割以上の生徒が肯定的回答をしている一方で，4割弱の生徒はどちらとも言えないと回答している。

8 執筆者のコメント，授業の展望

　化学反応の量的な関係の授業では，今まで，理論的なことを座学で提示するだけで，観察・実験が伴うことはほとんどないのが私の授業の実態でした。今回，「見いだして理解する」授業を初めて試みました。「化学基礎」は2単位で実施しているので，極力1時間で完結できるもので実施しようと考えていました。そこで，中学校で行った実験の中から定量的なデータを得やすい実験を選択して，授業で実施しました。中学校で行ったことのある実験だったので，説明等は最小限で済み，考察まで入れて，1時間で完結することができました。

　初めの炭酸カルシウムに塩酸を加える実験では，実験データは理想的なデータが得られました。「係数の比は物質量の比」となることを見いだせそうであると，見通しが持てたのですが，生徒が一番混乱していたのは，やはりここでした。化学反応式の係数の決定は，「化学反応の前後で原子の数と種類は変わらない」という知識と，「反応した物質の質量を物質量に変換して粒の数で考える」という思考を結びつけることができませんでした。ぽつりぽつり，生徒から「物質量かな」という声は聞こえてきましたが，考察が定着することなく，この時間は終わってしまいました。

　そこで，もう1時間を使い，生徒に「係数の比は物質量の比であることを見いだす」ことを実感してもらうために実施しました。初めは，前回のデータの分析・解釈を一緒に行い，「係数の比は物質量の比と一致すること」を確認し，その後，炭酸水素ナトリウムの熱分解の実験を行い，確認することにしました。

　見いだす方法は，炭酸カルシウムと塩酸の実験で行っているので，生徒から「分子量を教えてほしい」という声が自然と上がり，その段階で生徒は見いだしているのだなと実感しました。この2時間を通して，化学反応式の係数を考える意味，化学反応式の有用性を見いだして実感することができたように感じます。多くの生徒が見いだすことができましたが，理系科目を苦手としている生徒からは，「何をしているのか，わからない」との声もあり，不得手としている生徒へは個別のフォローが必要であると感じています。

　生徒の感想から「化学反応式を実感できた」，「他の化学反応でもそうなっているのか知りたくなった」など，新たな問いに向き合う生徒もいることがわかりました。また，中学校で行った観察・実験を取り入れ，視点を変えることで，単位数が少ない中で観察・実験を組み入れた授業を行う可能性を模索できたことは，私にとって大きなインパクトでした。

（担当　神　孝幸　飯田寛志　野内頼一）

高校化学授業における探究とは

岩田　久道
（渋谷教育学園幕張中学校・高等学校 教諭）

　実験授業を進めていくと，生徒の意外な質問や操作ミスなどから，大きな研究に発展することがある。鉄に塩酸を加えると水素を発生しとける。濃硝酸を加えるとその酸化力で不動態が生じ気泡の発生が止まる。「**先生，その中間状態は存在しないの？**」　水にフェノールフタレインをいれた試験管にナトリウムを加えると水面で反応し上から赤くなる。マグネシウムを加えると金属表面は赤くなるが気泡が発生しない。カルシウムを加えると水の中で水素が発生し試験管に赤色の縞模様ができる。「**どうして？**」　U字管に食塩水を入れシャーペンの芯を電極として9Vで電気分解をした。誤ってシャーペンの芯が折れて底に沈めてしまったが，そのまま電気分解を続けた。折れたシャーペンの芯の両側でも，気泡の発生と溶液の赤色変化が起こった。「**どうして？**」　生徒が抱いたこれらの疑問の解決は，『針金を使った化学振動現象』『懸濁液膜の性質』『電極以外で起こる電気分解』というテーマで，いずれも世界大会に進んだ研究となった。

　高校で行う実験は，安全に配慮し，その時間内でできるように工夫されたものである。しかし，そのプロセスに探究の種は蒔かれており，教師がおおらかな目で生徒の動向に着目し，結果を一義的に決めつけないことは重要だと思われる。企業研究が効率性を求めて一つの製品作りに熱中するのとは別の，誰も振り向かない袋小路に真理が隠れている。現場の教員はまず実験書に出ている事実をそのまま生徒に課すことが初めの一歩かもしれない。しかし，少し工夫を加えて，班ごとに実験条件を変えたり，物質の種類を変えてその正体を探らせたり，生徒の探究心を煽る工夫はさまざまできる。

　高校化学の探究は，物質に根ざした自然観を初めて使う試薬から気づかせてあげることに意義があるが，素朴な疑問に耳を傾けることは生徒の中にいて初めて実現可能となる。

第二部

「化学基礎」プロローグ

「化学びらき」で伝えよう！

「化学びらき」で伝えよう!

1 「化学びらき」が必要な理由

　化学を担当する教師は，生徒にとって「化学」との出会いとなる最初の授業をどのように行っているのだろうか。

　調査（表1）によると，最初の授業で多く行われているのは，自己紹介や教材の確認，授業の心構え，成績評価の説明等であるという。また，「化学」という学問について説明している例も大変多く，教科書での学習に入る前に，何を勉強していくのか，事前説明を行っている。しかし，生徒実験や演示実験を行っている例は大変少ない。

表1・調査結果　「化学」の最初の授業で行っていること※

授業の内容	回答者数	回答率
自己紹介	36人	90%
教材（教科書等）の確認・説明	35人	88%
年間指導計画（シラバス）	21人	53%
授業の心構えや約束事	31人	78%
家庭学習（課題を含む）	10人	25%
成績評価（定期考査を含む）	25人	63%
中学校の復習（実験を含む）	2人	5%
高校の学習内容の紹介	20人	50%
大学受験・入試	2人	5%
「化学」という学問について	28人	70%
演示実験	1人	3%
生徒実験	0人	0%
その他	4人	10%

※佐賀県内高等学校における教師40名を対象にした調査結果（2018年）

最初の授業で生徒に「化学」とどう出会わせるかは，その後の授業展開や生徒の化学への興味・関心，学習意欲にも影響を与える。

　小学校，中学校，高等学校の学習に一貫性をもたせ，小学校や中学校で学習した内容や行った実験を振り返り，化学に関するものを挙げ，それらの特徴を考えさせてから，高等学校の学びにつなげることが大切である。

2 「化学びらき」の実践例
2.1 「50 + 50 = 96 ?」

今日は化学の最初の授業ですね。君たちと化学との出会いを記念して，簡単な実験を行いたいと思います。
タイトルは「50 + 50 = 96 ?!」です。数学の先生に怒られそうなタイトルですね。数学の世界では，50 + 50 は必ず 100 になります。しかし，身の回りの自然現象ではどうでしょうか。実際にやってみましょう。

> 身の回りの自然現象で 50 + 50 = 96 となるものがあるのだろうか？

2.2 液体どうしの混合
・初めに，水とアルコール[*1]を観察させる。

皆さんには，水とアルコールを配布しています。どちらがどちらかわかりますか？
皆さんが気づいたとおり，青い方が水[*2]，黄色い方がアルコール[*3]です。
まず，水を 50 mL ずつ，3 本のメスシリンダーに量り取ってください。

・メスシリンダーの目盛りの読み方[*4]を説明する。

今回は体積の変化を考えていきます。目盛りは適切に，正確に読んでください。
続いて，アルコールを 50 mL ずつ，3 本のメスシリンダーに量り取ってください。
水と同様に，体積を正確に量り取りましょう。

以下は，授業で用いたプレゼンテーションのスライド例である。

*1 エタノール。
*2 マーブリング用インクで色を付けた水。
*3 マーブリング用インクで色を付けたエタノール。

水を量り取る

*4 最小目盛りの 10 分の 1 まで読む。

文献 3) より引用，一部改変．

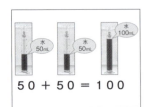

水と水の混合

・水と水を混合する。

それでは，水 50 mL の入ったメスシリンダーに，別のメスシリンダーに入った水 50 mL を加えてみましょう。

混合後，体積は何 mL になりましたか？

メスシリンダーに水滴が残らないよう，注意してください。

・結果は，ほぼすべての班で体積が 100 mL になる。

 化学びらきの視点

・生徒たちは水とエタノールを「におい」で判断する場合が多い。合わせて，試薬のにおいのかぎ方も復習するとよい[*5]。

・実験器具を実際に触ったことのない生徒も少なくない。今後の実験や安全面のことも考えて，丁寧に説明し，正しい使い方を徹底する。

・エタノールがこぼれないよう，慎重に行うよう注意を促す。万が一，皮膚等についた場合は，すぐに水で洗い流す。

・生徒たちの操作が不適切な場合，100 mL より若干少なくなる場合がある。その場合も，水とエタノールを混合した場合より体積の減少分は小さい。

*5 においに敏感な生徒に対しては十分な配慮が必要である。

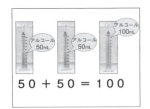

エタノールとエタノールの混合

・続いて，エタノールとエタノールを混合する。

水と水の場合，体積は 100 mL になりましたね。では今度は，アルコール 50 mL にアルコール 50 mL を加えてみましょう。

・アルコールどうしでも，ほぼすべての班で体積が 100 mL になる。

・水とエタノールを混合する。

アルコールどうしでも，体積は 100 mL になりましたね。

続いて，アルコール 50 mL に水 50 mL を加えてみましょう[*6]。

体積は 100 mL になりましたか？

100 mL になった班は手を挙げてください。

*6 アルコールを下にして上から水を加える。（順番を逆にしない。）

・挙手で実験結果を確認するが手は挙がらない。

いないみたいですね。それでは，100 mL より多くなった班はありますか？

これもいないみたいですね。それでは，100 mL より少なくなった班はありますか？

すべての班で 100 mL より少なくなりましたね。もし実験操作のミスであれば，すべての班で 100 mL より少なくなるとは考えにくいですね。つまり，アルコールと水を混合すると 100 mL より少なくなると言えそうですね。

このように，誰がやっても同じことが起こることを「再現性がある」と言います。

化学びらきの視点

- すべての班が 100 mL より少なくなる。
- アルコールを下に，水を上にして混合するよう指示する。逆にすると，うまく混合できず，ガラス棒等での攪拌が必要となる（後述）。
- 注意深く観察する生徒の場合，混合により気泡（溶存酸素など）が発生することや，水溶液の温度が上昇することに気づくことがある。
- 「化学びらき」で行う話し合い活動は自由闊達な話し合いの雰囲気づくりに心がけ，今後の授業での「学びに向かう力」の向上につなげたい。

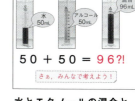
水とエタノールの混合と，体積が 100 mL より少なくなったことを確かめている様子

それでは，なぜ 100 mL より少なくなったのか，班のメンバーと一緒に話し合いましょう。

・考えを記入するためのワークシートを配布する。

ワークシート例

> \< Question \>
> アルコール 50 mL に水 50 mL を加えたら 100 mL にならなかったのはなぜだろう？
>
> \< Answer \>
> _____
> _____
> _____

2.3 意見の共有

・ワークシートを回収し，生徒の意見を一つずつ読み上げながら，代表的なものを黒板に書き出す。

生徒の代表的な意見の例

- 化学変化を起こした。結合した。
- 気化した。アルコールが蒸発した。水が蒸発した。
- アルコールが水の分子の間に入り込んだ。
- 分子の大きさが違うから。
- おじけて，身が縮んだ。
- 密度が高くなった。
- 水がアルコールを吸収した。
- アルコールが水に溶けたから。
- 質量の違い。

・続いて，板書した生徒の代表的な意見について，科学的に考察を加える。

なるほど，どれもすごく興味深い意見ですね。合っているか，間違っているかは別にして，自分の意見を持ち，表現することは大変良いことです。今後の授業でも続けてください。
では，いくつかの意見を見ていきましょう。
（化学変化を起こした，に対して）水とアルコールは化学変化を起こさないんです。大人が飲むお酒。これにはアルコールが含まれていますが，お酒はアルコールと水が混合したものです。
（水が蒸発した，に対して）確かに蒸発は起こります。だけど，この短時間で数 mL も蒸発することはありません。ちなみに質量を測定すると，混合前と混合後では，ほぼ同じです。

化学びらきの視点

・それぞれの記述にコメントを入れることが望ましい。生徒を褒める一言を入れると，授業の雰囲気が良くなる。肯定的なコメントの例を示す。

（生徒回答例1）化学変化を起こした。
（コメント例1）なるほど，化学と言えば化学反応ですね。もしかしたら，気泡が発生したことに気づいたかな？その観察眼はとても良いですね！
（生徒回答例2）アルコールが蒸発した。
（コメント例2）確かに，注射の前に行うアルコール消毒はすーっとしますね。あれは蒸発です。もしかしたら，水とアルコールを混ぜたとき，温度が上がっていたことに気づいた？気づかなかった人は触ってごらん。こういうこと

に気づくのも,化学の学習ではとっても大事なことです!
(生徒回答例3)アルコールが水に溶けたから。
(コメント例3)この視点はとても面白いです。何かに溶けるというのは,砂糖や塩などの固体が,水などの液体に溶ける時に使いますね。しかし,この場合は液体が液体に溶けたということですね。このような柔軟な発想はとても大切です。ものが溶けるとはどういうことか,今後の化学の授業で取り上げていきたいと思います。

2.4 モデルで考える

それでは,実際にメスシリンダーの中で何が起こっていたのか,これを使って考えてみたいと思います。

・大豆 50 mL を入れたメスシリンダーとごま 50 mL を入れたメスシリンダーを取り出す。

ここに,大豆を 50 mL を入れたものと,ごま 50 mL を入れたものがあります。
大豆 50 mL にごま 50 mL を入れるとどうなるか,想像できますか。

・教師実験として,大豆 50 mL にごま 50 mL を加えてみる(下の写真)。

ごま 50 mL　　　大豆 50 mL　　　混合後(全体)　　　混合後(拡大)

皆さんの予想どおり，100 mL にはなりませんでしたね。実は，これと同じようなことが水とアルコールにも起こっていたのです。

・分子モデルを板書して，説明する。

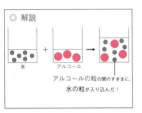

水とアルコールの混合モデル

 化学びらきの視点

・大豆のすきまにごまが入っていくため，100 mL にはならない。
・モデルを活用することによって，水溶液中で起こっていたことを「粒子」の視点で直感的に理解する生徒も多い。
・「化学びらき」なので，分子モデルは簡略化して示している。実際には，そう単純ではない[4,5]。

2.5 本時のまとめ，振り返り

学習のまとめ，振り返りの例

すべての物質は「粒子」からできています。この「粒子」とは，中学校で学んだ原子や分子，イオンのことです。

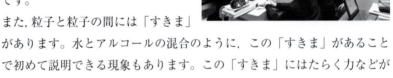

また，粒子と粒子の間には「すきま」があります。水とアルコールの混合のように，この「すきま」があることで初めて説明できる現象もあります。この「すきま」にはたらく力などが物質の性質や化学反応に影響している場合も多いのです。

今回の授業のように，身のまわりの自然現象を原子や分子の視点で考えるのが化学という学問です。

これからの授業では，みなさんと一緒に，「粒子」と「すきま」の視点で身のまわりの自然現象を考えていきたいと思います。

3 授業前後の生徒の変容と感想

　粒子（ミクロな視点）で自然現象（マクロな視点）を考えたことに少なからず心を動かされた様子が読み取れる。こうした目に見えない粒子で考えるという経験を，化学の授業の初期の段階で積み重ねることで，興味・関心を持って今後の授業に取り組むことが期待される。

　また，「化学で取り扱う自然現象」＝「化学反応」という固定観念を強く持っている様子が見て取れた。化学を指導していると見落としがちな生徒の考えであるとも言えよう。

【生徒の感想】

- 物質を粒子の視点から見ることは化学なんだとわかりました。アルコールの中に水を入れるとよく混ざるけど、水の中にアルコールを入れたら均一に混ざらないことに驚きました。

- 50＋50＝96！ 初めはなぜそうなるのかまったくわかりませんでした。しかし、分子がすき間に入り込むという説明を聞き、なるほどと思いました。"粒子の視点で考える"ことを大切にしていこうと思いました。

- 今回の実験で粒々のすき間という着眼点を増やすことができました。大豆とごまで実際に粒を見て、とてもわかりやすかったです。

- 熱が出たら化学反応、気体が発生したら化学反応という固定概念にとらわれてはいけないことがわかった。より柔軟な思考を持って次回からの授業に取り組みたい。

- 体積が変わるとしたら、化学変化しかありえないと思っていたので、「粒子の大きさの違い」という視点は青天の霹靂でした。人間の目で見る分には同じ液体であるものが粒子でできているのだということを初めて実感できたので、よかったです。

- アルコール（お酒）と水を混ぜるのは生活の中でも見かける行為だが、興味深い化学とのつながりを実感できた。改めて、粒で考えることが大切だと思った。

- 水とアルコールはどちらもとても身近なものですが、混ぜると体積が減ることは知らなかったです。身近なところにも未知のことや疑問があるとわかったので、これからは疑問を見つけられるようになっていきたいです。

- 気体が発生したせいで体積が減ったと予想を立てていたが、分子間のすき間というまったく予想しなかった結果で驚きました。先生の言っていたように溶液を逆に注ぐとグラデーションのようになって、化学はすごいなと思いました。

- 今回の実験は楽しかったです。アルコールと水の混合で体積が減少した理由を考えるときに班の人と考えて、においをかいだり、試験管を触ったりなどしてさまざまな理由を考えました。化学変化が起こるのは、すべてが原子、分子が原因ではなく、その物質がもっている性質が関係していることもあるという新しい発見があったので良かったです。

- アルコールに蒸留水を入れると混ざりやすいが、逆は混ざりにくいと知って、分子についての今までの学習が目に見えてわかったようで嬉しかったです。アルコールと蒸留水の混合で発生した熱の原因も知りたいです。

- 粒子の大きさに違いがあることを，大豆とごまの説明を聞き，本当にわかりやすかった。科学のような小さな粒子の世界でも実際生活している世界と同じようなことが起こっているのだと驚いた。

- 混合した液体の体積が減少したのは化学反応によって気体が発生したからだと，初めから決めつけたように予想していたが，他の人の"試験管に触れると温かくなっていたから，発熱反応が起きたのではないか"というのを聞き，実際に自分が体験したことから予想するという感性はとてもすばらしいと思った。大豆とごまで明らかになったように，実際は分子の大きさの違いによって起こった現象だとわかり，分子など基本的で，しかし，とても重要な基本の要素に立ち返って考えることの大切さに気づくことができた。

- 私たちは自分が見える範囲の世界でしか物の現状を見ることができないが，分子の世界，原子，粒子の世界で想像することで新しい発見が生まれることを実感した。さまざまな方向から考えることが最も大切だと思った。

- 簡単な実験だったけど，これまでの実験で一番驚いた。自分の中の常識が崩れた。昔の人はこのことを発見して，どう思ったのだろうかと思った。単純に好奇心でこの謎を解こうと思ったのならすごいと思う。

4 執筆者のコメント，授業の展望：「化学びらき」で伝えたいこと

①化学は「物質」を扱う学問である

「化学」は自然界に存在する物質の構造やその性質について知る学問であり，別の物質との間に起きる変化や反応も扱う。化学を学習する上で，特に生徒たちの身のまわりにある物質に興味・関心を持たせたい。

②化学は「自然現象」を「粒子」で捉える学問である

物質の燃焼や食物の消化，花火の色，電池，めっき，脱塩素剤や酸化防止剤など，私たちの身のまわりは化学であふれている。それらの現象を原子や分子，イオンといった目に見えない「粒子」の視点で考察するのは化学の学習の醍醐味と言える。化学の学習の初期の段階で，粒子に注目して自然現象を考察する視点（「マクロな現象」を「ミクロな視点」で考える）を身につけさせたい。

③物質は「粒子」と「すきま」でできている

目に見えないが確かにそこに存在する「粒子」の視点で考えることは化学を学習する上で必要不可欠なことである。学習指導要領でも，化学の基本的な概念等の柱の一つとして「粒子」を取り上げており，小学校，中学

校，高等学校での学習を通して一貫性を持たせている。一方で，物質の性質は粒子と粒子の間（すきま）にはたらく力（相互作用）の影響を受けている。例えば，水の沸点が一般的な分子結晶の物質より高いのは分子間に水素結合がはたらくためであり，塩化銀が水溶液中で沈殿しやすいのは陽イオンと陰イオンの間にはたらく静電気力（クーロン力）が強いためである。このように，粒子と粒子の間の「すきま」に注目することは自然現象を粒子の視点で理解する上で大変重要である。

物質の性質を理解する上で重要な「粒子」と「すきま」の概念を「化学びらき」，もしくは，化学基礎の初期の段階で伝え，その後の学習を通してそれを定着させていくことは，その後の生徒の理解を大きく助けていくと考えられる。この2つを具体的に感じることができる何かを「化学びらき」で取り上げたいところである。

④「化学って，楽しそう！」

生徒たちが化学の学習を主体的に進めていくためには，何より化学という学問に興味・関心を持たせることが必要不可欠である。「化学びらき」では，「化学って，楽しそう！」と感じさせたい。

一方，化学では，目に見えないが確かにそこに存在する粒子のふるまいを取り扱うので，苦手な分野となってしまう生徒が少なくない。そこで，可能な限り簡単で，実感をもった理解の得られやすい観察，実験を通し，生徒たちの化学に対する苦手意識を取り除くことが必要である。

（担当　松髙和秀）

参考文献

1) 米山正信,『化学のドレミファ〈1〉反応式がわかるまで』黎明書房（1997）.
2) 野内頼一,「理科の中等教育における探究活動や課題研究における学習プログラム及び評価方法の考案」平成28年度～30年度日本学術振興会科学研究費補助金（基盤研究（C）課題番号16k01049）研究成果報告書（2019）.
3) 数研出版編集部,『視覚でとらえるフォトサイエンス 化学図録』数研出版（2017）.
4) K. Egashira, N. Nishi, J. *Phys. Chem. B*, **102**, 4054～4057（1998）.
5) 西信之, 佃達哉, 斎藤真司, 矢ヶ崎琢磨,『クラスターの科学』 米田出版（2009）.

空気亜鉛電池を使った酸素センサー組み立てキットの紹介

高橋　三男

（東京工業高等専門学校　教授）

　私たちの身近に存在する，必要不可欠な物質として酸素がある。しかし，知っているようで意外と知らないのが酸素のこと。酸素は無色透明で無臭な気体のため，その存在を認識することが難しいといえる。しかし，酸素濃度を検知するセンサーがあれば，その存在を認識することができ，酸素に関わる自然現象を検出することができる。これまで生徒一人ひとりが自由気ままに酸素センサーを使って実験に活用するには，予算的に難しい状況であった。

　紹介する酸素センサー組み立てキットは，非常に安価でセンサーとしての操作も簡単である。何回も測定することが可能で応答性も速く，テスターを使ってデジタルで表示される。また，酸素濃度の測定範囲も広いのが利点である。組み立てる際にも基板の穴に抵抗部品を挿入するだけで済み，基板と部品の接着にハンダを使わずに組み立てられるため，安全性も配慮されている。また，空気亜鉛電池と基板への装着も簡単である。右に酸素センサー組み立てキットを示した。回路の構造はとてもシンプルで，目視で確認できるため，センサーの原理を理解しやすくなっている。

　酸素センサーの用途として，人間の呼気による実験，ロウソクの燃焼・消炎実験，スチールウールの燃焼実験，化学カイロの暖かさと酸素の関係を確認する実験，野外における日向と日陰の植物の光合成による酸素発生の違いの実験，カイコやコオロギなどの昆虫の呼吸や，市場で売られている野菜・果物・キノコなどの呼吸を確認する実験，オキシドール中の過酸化水素の分解反応の実験など，多くの実験を試みることが出来る。是非，ご自分で酸素センサーを組み立てて，これらの実験を試していただきたい。酸素センサーは，酸素を見るメガネのようなものである。新しいメガネで新しい発見があるかもしれない。

酸素センサー組み立てキット
写真は㈱ピーバンドットコム製。

第三部

「化学基礎」探究型授業の実践

第1章 化学の特徴

第2章 単体と化合物（塩化ナトリウムの確認）

第3章 電子と原子核の発見の歴史

第4章 酸・塩基

第5章 酸化還元反応の利用

第6章 化学が拓く世界—安全な水を得るためには

第1章 化学の特徴

● この単元を学習する意義

日常生活や社会を支える身近な物質に注目し，これらの物質の性質を調べる活動を通して，物質を対象とする学問である化学の特徴について理解できるようになること。
化学への興味・関心が高まり，化学の学習の動機付けとなること。

■KEYWORD：化学の特徴，物質を対象とする学問

● 育成すべき資質・能力

知識及び技能	中学校理科で学んだ事柄を思い出したり調べたりする活動を通して，化学の特徴を理解する力
思考力，判断力，表現力等	日常生活や社会と関連付けて，化学の特徴について表現する力
学びに向かう力等	主体的に学習に取り組む態度

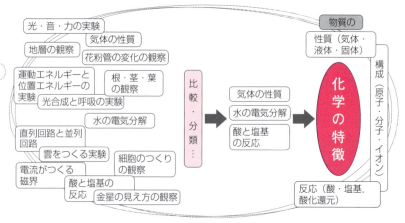

化学の特徴を考えると…

1 探究の過程を踏まえた学習指導の概要例

　ここでは，中学校で学習した観察・実験と関連付けながら，情報を収集し，それらを適切に処理して共通性や規則性を見いだしたり，認識を深めたりするなど，自然の事物・現象を探究する過程を踏ませることが大切である。生徒が探究の過程を経験する中で，問題を見いだし，自然に対する興味・関心をもつことが重要である。

　また，この単元では探究の方法の前半を意識して，自然事象への気付きを大切にしたい。

　具体的には，中学校までの理科で学習した事項や観察・実験を複数挙げ，化学に関する事項や観察・実験に絞り，それらに共通することは何かを考え，主体的に「化学の特徴」を見いだすことができるようにする。

　ここでは，中学校で学習した事項や観察・実験を，物理・化学・生物・地学にグループ分けし，化学が「物質の性質や変化」など質的・実体的に捉える学問であることを理解し，「化学の特徴」を見いだして，気付くことを目的としている。

探究の視点		学習指導の概要	資質能力の例
課題の把握（発見）	自然事象に対する気付き	・中学校までの理科で学習した事項や，観察・実験などを思い出し，個人で書き出す。 ・個人で書き出したのち，グループで協議し，全体で共有する。	●必要な情報を抽出・整理する力
	課題の設定	・中学校で学習した事項や，観察・実験の中で，「化学」に関するものに印をつけ，それらの観察・実験には共通点があることに気付かせる。	●見いだした関係性や傾向から，課題を設定する力
課題の解決	考察・推論	・化学に関する観察・実験に共通することを挙げさせる。	●観察・実験の結果を分析・解釈する力
	表現・伝達	・その共通点について，グループおよび全体で共有し，文章にして，他者へ伝わるように書く。	●考察・推論したことを発表する力
	考察・推論	・課題「化学はどのようなことを学ぶ学問でしょうか」 ・化学に関する観察・実験の共通点から，「化学の特徴」を見いださせる。	●観察・実験の結果を分析・解釈する力

2 探究の過程を踏まえた学習展開の例

①自然事象に対する気付き

中学校の理科の授業で，どのような観察・実験をしたか，思い出したり，調べたりしてみましょう。

・個人で考えて，ワークシートに記述する。

タマネギに酢酸カーミン液で色を付け，顕微鏡で観察する。

BTB溶液を入れた酸性の液体にアルカリ性の液体を加えたら，緑になった。

ヨーグルトにさまざまな菌を加えて放置したら，ヨーグルトの中に菌が広がっていた。

光をレンズに通したら曲がって進んだ。　など

【生徒のワークシート記述例】

> ×タマネギに酢酸カーミン液で色をつけ，けん微鏡で核や細胞をみた。
> ○ BTB溶液を入れた 酸性の液体にアルカリ性の液体を加えたら，緑になった。
> ・ヨーグルトにさまざまな菌を加えて放置したら，ヨーグルト中に菌が広がっていた。
> ・光を半円レンズに通したら曲がって進んだ。

> ○酸素と水素を混ぜたら水になった。
> ○銅を加熱したら黒くなった。
> ○水素にマッチを近づけたら音をたてて燃えた。
> ○硫黄と鉄を加熱したらくさい臭がした。
> ・高いところからレールを使って球を落とし，速さを調べた。
> ○化学電池を作り，電球に電気をつけた。

②課題の設定

さきほど挙げたものの中で，「化学」に関するものに丸を付けてみましょう。

お役立ち情報
小学校・中学校理科と化学基礎の内容の構成については，高等学校学習指導要領（平成30年告示）解説理科編17ページが参考となる。

支援を必要としている生徒に対して
・中学校で学習した事項に関する単語や用語，薬品や器具などを記載させる。その上で，その単語や用語などを学習したとき，どのような観察・実験を行ったかを想起させるようにする。
・書けない生徒については，机間指導の際に，話をして観察・実験した内容を引き出すようにするなどの工夫が考えられる。

実践上のポイント
中学校によって，実施している観察・実験は異なる。生徒の実態を把握する上で，中学校時代に実施した観察・実験を知ることは教員によっても有用である。

中学校では，協働的で対話的な学びはよく行われているので，初めの授業でも抵抗なく入ることができるだろう。その際，各自にグループで司会や記録などの役割を与えることは，今後のグループでの学習を進めていく上で大切なことであると考える。

お役立ち情報
中学校では，次のような実験を体験している。
・酸化銅の還元
・マグネシウムの燃焼
・炭酸水素ナトリウムの加熱

これらの実験を示して，生徒の思考を促すことが考えられる。

実験のアイデア
銅線の加熱時の現象について，①炎中に入れて加熱し，炎から取り出すと酸化された黒色の酸化銅（Ⅱ）を確認する，②再び炎中に入れて加熱すると還元されて銅に戻る。これらを観察させることにより，観察の視点を学ばせることも考えられる。

●必要な情報を抽出・整理する力
●見いだした関係性や傾向から課題を設定する力

・個人で考えて，ワークシートに記述し，グループで共有する。
タマネギに酢酸カーミン液で色を付け，顕微鏡で観察する。

BTB溶液を入れた酸性の液体にアルカリ性の液体を加えたら，緑になった。○
ヨーグルトにさまざまな菌を加えて放置したら，ヨーグルトの中に菌が広がっていた。
光をレンズに通したら曲がって進んだ。

酸素と水素を混ぜたら水になった。○
銅を加熱したら黒くなった。○
水素にマッチを近づけたら音をたてて燃えた。○
硫黄と鉄を加熱したら刺激臭がした。○

高いところからレールを使って球を落とし，速さを調べた。
化学電池をつくり，電球に電気をつけた。○

・個人で考えたことを，グループで発表し，自分で考えたもの以外のものをワークシートに記載する。
・グループで共有したのち，全体で共有する。

「化学」に関するこれらの観察・実験の共通点は何だろうか。

③考察・推論

丸を付けたこれらの観察・実験に共通することを挙げましょう。
・丸を付けた観察・実験の共通点について考えさせることにより，「化学の特徴」に気付かせ，見通しを持たせる。

元素記号を使っている。
物質の変化。物質の性質。

生物が関わっていない。
原子どうしの結びつきを変える。
原子や分子が関わる，など。

【生徒のワークシート記述例】

化学変化などの物質に変化が見られるかどうかも原子とか分子とかこちら側の話だと思う。

原子や分子で考えること

お役立ち情報

卓上型のホワイトボードやホワイトボードシートを利用すると，グループで協議する際に役立つ。また，両面テープでシート状の磁石をホワイトボードの裏に貼り付けておくと，教室の黒板にも貼ることができるため便利である。

支援を必要としている生徒に対して

物質や化学変化に関する観察・実験に丸が付いていることを気付かせるように，机間指導の際に，対話により支援する。

また，グループで協議するときに，理解が進んでいる生徒に理由を話させるなどすると，互いに教え合うことにもなり，理解が深まると考えられる。

実践上のポイント

共通点を考えることで，「化学の特徴」について見通しをもつことができるようになる。

お役立ち情報

化学の学習では，物体，物質，もの，モノ…などの語句の用い方に気を配る必要がある。物体と物質と元素などの用語の使い方について，次の書籍を参考にするとよい。

加藤俊二『身の回りを化学の目で見れば』化学同人（1986）。

探究の過程

学習過程例（探究の過程）
見通しと振り返りの例

- 課題の把握（発見）
  - 自然事象に対する気付き
  - 課題の設定
- 課題の探究（追究）
  - 見通し
    - 仮説の設定
    - 検証計画の立案
  - 観察・実験の実施
  - 結果の処理
- 課題の解決
  - **考察・推論**
  - 振り返り
  - 表現・伝達

次の探究の過程

●観察・実験の結果を分析・解釈する力

④表現・伝達

グループで協議して，自分で考えたもの以外のものをワークシートに書きましょう。

・個人で考えたことを，グループで発表し，自分で考えたもの以外のものをワークシートに記載する。

酸素と水素を混ぜたら水になった。
銅を加熱したら黒くなった。
水素にマッチを近づけたら音をたてて燃えた。
硫黄と鉄を加熱したら刺激臭がした。

化学電池をつくり，電球に電気をつけた，など。

・グループで共有したのち，全体で共有する。

⑤考察・推論

化学に関係する観察・実験から，化学とはどのようなことを学ぶ学問なのか，考えを書きましょう。

・「化学」に関する観察・実験の共通点から，個人で「化学の特徴」とは何かを見いださせる。

物質の変化を調べる。
物質の特性を発見すること。

物質の性質や変化を調べる。
人類の発展に貢献する学問。

生活に役立っている点を勉強する，など。
これから，みんなが挙げた化学の特徴について，具体的に学んでいきましょう。

学習活動の工夫

対話を活性化するために，付箋紙，A3判程度のミニホワイトボード，静電気で貼り付くホワイトボードシート・タブレットなどの電子機器，などの活用が役立つ。また，机の配置を工夫するとよい。

実践上のポイント

グループで協議させる際には，対話を促し，生徒の自由な発想を引き出すことが大切である。

理解が進んでいる生徒に対して

「化学の特徴」を見いだすことができた生徒については，化学基礎の教科書のページをめくり，「物質の性質や変化」について学習していくことについて，見通しをもたせる。

支援を必要としている生徒に対して

中学校の学習を想起させ，「物質の性質や変化」について扱うことを机間指導の際に，対話により支援を促す。

実践上のポイント

「化学の特徴」は，「物質の性質や変化を学ぶ学問」であり，中学校の化学領域での学習も「物質の性質や変化を学ぶ学問」であることを振り返らせ，これから化学基礎で学習する際の生活に密接した「物質の性質や変化」を学んでいくことに対する見通しを持たせることを目的とする。

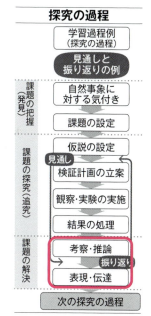

●考察・推論したことを発表する力

3 授業の考察
①中学校で学習した観察・実験について

教科書に記載されている観察・実験がほとんどであるが，出身中学校によっては，独自の観察・実験を体験してきている生徒も多数いる。各領域での生徒の記述[*1]は下記のとおりである。

*1 生徒の記述については，そのままを掲載しているため，科学的に不正確な表現も含まれている。

【化学領域】

・銅の加熱による酸化。	・水の状態変化。
・水の電気分解。	・塩酸と水酸化ナトリウム水溶液を使った中和。
・塩酸に金属を入れ水素を発生させる。	・水酸化バリウム水溶液に硫酸を加えて，沈殿を生成させる。
・炭素を加熱して二酸化炭素を発生させる。	・水素の燃焼。
・炭酸水素ナトリウムの熱分解。	・ＢＴＢ溶液を加えて，色の変化を観察。
・鉄と硫黄の化合[*2]。	・重曹とクエン酸を加えて，二酸化炭素を発生させる。
・アンモニアの噴水。	
・塩化銅水溶液の電気分解。	・発熱反応，吸熱反応。
・果物を使った化学電池。	・レモンに種類の異なる金属を刺したら，電子オルゴールが鳴った。
・石灰石に塩酸をかけて，二酸化炭素を発生させる。	
・石灰水を二酸化炭素で白く濁らせる。	

*2 日本化学会（2016年）において，「化合」という記述は用いないことが提案されている。

【物理領域】

・滑車を使用して，摩擦力を調べる。	・陰極線。
・台車を斜面で滑らせる。	・静電気の発生。
・磁界の向きに方位磁針を置く。	・音さの共鳴。
・音の反射。	・ゴム膜を張ったものを水に沈めるとゴム膜がへこむ。
・電熱線で水を加熱する。	・真空放電で電流が流れるのを確認。
・放射線の観察。	
・レンズによる屈折。	・虚像と実像をつくり，大きさを測ったり，規則性を見つけたりした。
・鉄球を使って位置エネルギーと運動エネルギーを調べる。	

【生物領域】

・タマネギの成長点の観察。	・植物の葉を観察したら，気孔がたくさん観察された。

- 葉に光を当てて，デンプンができているか確認する。
- 顕微鏡で植物細胞の観察。
- 着色した水を植物に与えて，維管束の観察。
- だ液によるデンプンの分解。
- アサリの解剖をして，体のしくみを調べた。
- トリの心臓を解剖して，しくみを調べた。
- ブタの血液に二酸化炭素を吹き込み，血液の働きを調べた。
- トリの足の解剖。
- アブラナの葉をバラバラにして，しくみを調べた。
- トリの脳の解剖をして，脳のしくみを調べた。
- 縞々模様の台紙を動かして，メダカの動きを観察した。
- ヨーグルトの中にさまざまな菌を加えて放置したら，菌が広がっていた。
- メダカの血管の観察。
- イカを解剖した。

【地学領域】

- 火山岩の観察。
- 月の１か月の動きを見た。
- 太陽の位置を透明半球に書いて，南中高度を調べた。
- いろいろな石をルーペで観察したら，一つ一つの粒の大きさが異なった。

【生徒の記述例】

○中学校でどんな勉強してきたか、思い出してみましょう。
学習した内容、実験、観察など。
【個人で考える】
◎硫黄とスチールウールを加熱したら，燃えながら化合した。
・タマネギを分解して観察したら細胞の核を見ることができた。
・鉄球を坂から転がす実験でより高い位置から転がしたら早くなった。
◎水を電気分解したら酸素と水素に分かれた
・土を燃焼したら分解者が死滅した。
・にわとりの頭を分解して脳のしくみを調べた
・とりの足のかいぼう
・果物で―
・だ液によるデンプン分解
【グループで協議する】
個人で考えた以外に、
協議で上がったことを書いてみましょう。
◎銅を燃焼したら質量が増えた
・アブラナをばらばらにした
・記録タイマーをつかって，テープを切り張った
・光を凸レンズに通したら屈折した
・電流を導線で流した
◎硫酸に水酸化バリウムを入れた。
◎石灰水に二酸化炭素を入れ，白くにごった
◎炭酸水素ナトリウムの分解
・菌のばいよう
・心臓のかいぼう
◎オキシドールに二酸化マンガン
◎中和反応

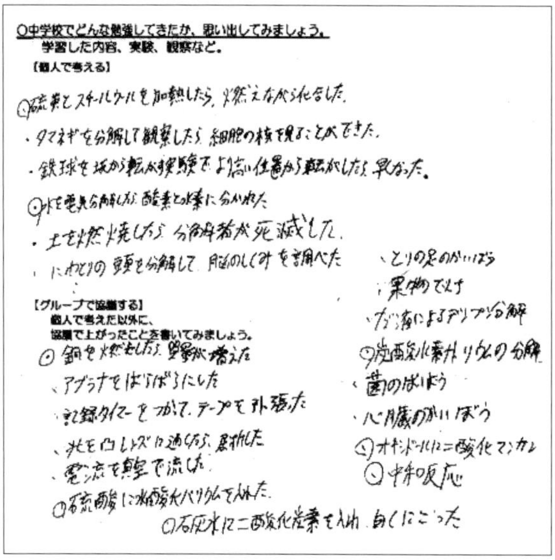

　理科に対して興味・関心が高い生徒の記述例である。

　グループで観察・実験を共有する際に，他の出身中学校の生徒が挙げた観察・実験に際し，「それやったことがある」，「その実験してみたい」など，興味・関心を強く示していた。

②化学の特徴について

　中学校で学習した観察・実験を通して，化学領域の共通点を挙げさせ，「化学の特徴」を考えさせた。化学領域については，「物質や化学変化」を考えることを共通点から見いだす生徒が多かった。

　「化学領域に共通すること」，「化学の特徴」について，マクロな視点で捉える観察・実験が多いことも影響しているのか，最も多い考えは，化学反応または化学変化に関することであった。物質の性質に着目する生徒は少なかった。化学基礎では，ミクロな視点で事象を捉えるとき，粒子の振る舞いや物質の性質を考える場面が初めの章に出てくるので，生徒の考える化学像は，これからの授業を構築していく上で，反応だけではなく性質にも着目することの重要性を語り掛けていく必要性を感じさせるものであった。

　少数ではあるが，化学の進歩が人類に貢献していることに着眼し，「化学の特徴」と考える生徒がいるなど，物質の性質や変化が身近な実生活に結び付いていることを実感している生徒もいた。

【化学領域の共通点について】

　40人中の記述事項（複数回答可）

・物質が変化していること	37人
・原子や分子が関わっていること	7人
・物質の性質を考えている	6人
・生物が関わっていない	5人
・元素記号などを使っている	2人
・原子どうしの結びつきを変えている	1人

【「化学の特徴」についての生徒の記述】

　40人中の記述事項（複数回答可）

・物質の変化を調べる	27人
・物質の性質を調べる	6人
・物質の性質や変化を調べる	5人
・化学の進歩が人類に貢献していること	2人

本単元のルーブリック例

	A	B	C
①中学校理科で学んだ事柄を思い出したり調べたりする活動を通して，化学の特徴について理解できているか。	中学校理科で学んだ事柄を思い出したり調べたりする活動を通して，化学の特徴について十分に理解できている。	中学校理科で学んだ事柄を思い出したり調べたりする活動を通して，化学の特徴について理解できている。	中学校理科で学んだ事柄を思い出したり調べたりする活動を通して，化学の特徴について理解できていない。

②日常生活や社会と関連付けて，化学の特徴について表現できているか。	日常生活や社会と関連付けて，化学の特徴について，適切に表現ができている。	日常生活や社会と関連付けて，化学の特徴について，表現ができている。	日常生活や社会と関連付けて，化学の特徴について，表現ができていない。
③主体的に学習に取り組んでいるか。	振り返りながら，見通しをもって，粘り強く学習に取り組もうとしている。	粘り強く学習に取り組もうとしている。	粘り強く学習に取り組もうとしていない。

※なお，ルーブリックの規準・基準は生徒の実態に応じて設定することが考えられる。

4 執筆者のコメント，授業の展望

　新学習指導要領の初めにある「化学の特徴」について，探究的な活動を取り入れて実施してみた。初めての試みもあり，生徒から自由に，多様な意見を引き出せるか，心配しながら実施した。

　化学基礎の一番初めの授業で実施したため，生徒は緊張感があり，グループ活動など対話的に学んでいくことができるかどうか不安であったが，グループでの協議は中学校でもかなり実施されているらしく，役割を与えると，生徒は自発的に考えの共有化を進めている姿が印象的であった。

　中学校での観察・実験を記入させる段階では，「他者が，こんな実験なんだ，と理解できるように文章で書きましょう」という助言をしたため，文章で書こうしている生徒がほとんどであった。書けない生徒については，「単語でもいいよ」という助言をすると，ほとんどの生徒が何かしら中学校の観察・実験を記載できた。この活動を通して，興味深いことは，出身中学校によって観察・実験の量が異なっていたことである。中学校によってはほとんど実施していない学校もあり，生徒の中学校段階での知識や，観察・実験の技能の現状を把握することができたことは教員側としては大きな収穫であった。また，グループを編成するとき，できるだけ出身中学校が異なるようにしたので，生徒間で，「そんな実験したんだ。いいなぁ～」とか，「おもしろそう～」，「それやった」などの声があがり，お互いに情報を共有し，興味・関心を育んでいる様子が私にとって新鮮であった。

　「化学の特徴」については，「物質の性質に関すること」，「物質が変化すること」を挙げている生徒が多く，質的・実体的に中学校段階で捉えている生徒がほとんどであった。また，「生物が関与しないこと」と挙げている生徒も多く，試験管やビーカーの中で起こることが「化学」であり，生命現象は「生物」と線引きしていることも興味深い反応であった。これを基に授業の最後で「これからは皆さんが見いだしたことを考える1年になります」という私の話に傾聴し，納得している姿が印象的であった。

（担当　神　孝幸）

『新・学習指導要領』で考えること

齊藤　幸一
（開成学園高等学校　教諭）

2018年，「探究の過程」を重視するという高等学校の『新・学習指導要領』が告示された。

中高等学校での40年を超える教育経験からの私見では，今回の改訂は，まさに時代の節目とも感じるほどの大転換だった。化学分野において，新学習指導要領の解説に明記されたのが，化学エネルギーの差をエンタルピー変化で表すことやエントロピー増大で吸熱反応が自発的に進むこと。こうした物理化学的な記述が充実することの意味するものは，「化学は暗記科目」という先入観を払拭して「判断の基礎となる化学」色を鮮明にしたということだと思う。長年，私の授業の中でモットーにしてきたことでもあり，非常に喜ばしい。繰り返すが，化学における探究活動を通して「主体的・対話的で深い学び」を実施するには，今回の改訂で加えられた「考える基礎となる概念」が必要不可欠なのである。

しかし一方で，学校現場の環境は一様ではない。SSHのような予算措置もなく，ICT機器環境も充実していず，ただでさえ多忙な先生方が，生徒との探究活動にどれだけ向き合えるのか，など，現実には問題点も少なくない。それでもなお，それぞれの環境の中で探究活動の精神すなわち「探究の過程」は具現化できるのだと言いたい。指導要領の改訂を機会に自分の今までの授業を見直し，すべての単元で実施するのは無理であっても，まずは，これと思った探究のテーマを選ぶこと。幸いにして，本書は，参考となる授業実践がとても丁寧に展開されている。

2019年（令和元年）は，化学分野において，ロシアのメンデレーエフが元素の周期律を発見して以来150年という節目の年である。また，5月20日からはモルの定義にアボガドロ定数が用いられることになった。かつて，新しい化学のカリキュラムとして，アメリカからCBAやケムスが紹介された1960年代には，各地でセミナーや研究会が多数開催されたという。今回も，本書を使ったセミナー・研究会が現場教員向けに開催され，ひいては未来を担う子どもたちに還元されることを大いに期待している。

教科教育における探究の重要性

石井　英真
（京都大学大学院教育学研究科　准教授）

　教科の講義で知識習得を徹底し，アクティブ・ラーニング型授業や課題研究で思考力を育成する，そうした二元論や機械的な分業論で，本当に知識の習得も思考力の育成も実現できるのだろうか。経験や思考と結び付けられず，わかることを伴わない教え込みは，知識を情報化する。思考する対象や必然性があいまいなまま思考させたり，思考の材料や根拠となる知識を伴わずに活動させたりすることは，思考することをスキル化する。教科の本質的な内容を学び深め探究することで，概念の意味理解を伴った，生きて働く知識を構成し，その過程で問いを発見し科学的に推論する力も育てていくことが肝要である。

　もともと学問や科学や文化は，利便性・効率性よりも回り道や「遊び」に関わる。しかし，「受験のため」と称して学校内外で展開されている学習は，文化を遊ばず，味わわずに，「筋トレ」や選別の道具として使ってはいないだろうか。たとえば，美味しい料理を味わわずに，早食い大食いを強いられているうちに，それが自己目的化してしまうように。思考の体力づくりは大事だが，筋トレのための筋トレは，学校の中でしか生きて働かない学力となり，また，大学や社会でホンモノ〔真正（authentic）〕の学問や科学や文化と出会った時に，それを勉強の対象や「物知り競争」の道具としか見られなくて，味わったり，考え抜いたりすることができず，生徒たちの成長の伸び代をつぶすことになりかねない。「科学する」経験のエッセンス（ホンモノ）を生徒たちが味わい追究していく授業が求められている。

第2章 単体と化合物
(塩化ナトリウムの確認)

●この単元を学習する意義

身近な物質の成分元素を確認するための実験を計画し,実験結果を分析,解釈し,結論を導く探究の過程を体験させること。

■KEYWORD:ろ過,再結晶,炎色反応,難溶性塩の沈殿反応

●育成すべき資質・能力

知識及び技能	物質の分離,精製,単体や化合物を構成している元素を確認する方法について理解する力
思考力,判断力,表現力等	身近な物質の成分元素を確認するための実験を計画する力 実験結果を分析,解釈し,成分元素を確認する力
学びに向かう力等	主体的に学習に取り組む態度

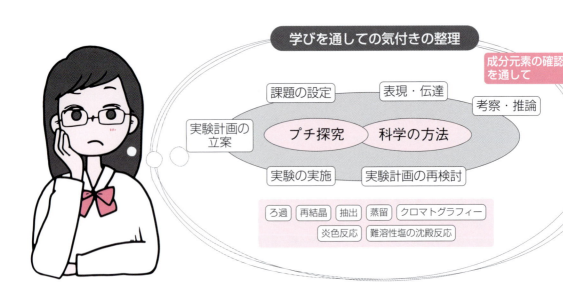

1 探究の過程を踏まえた学習指導の概要例

探究の視点		学習指導の概要	資質能力の例
課題の把握（発見）	自然事象に対する気付き	・初めに、しょう油入りのボトルを生徒に見せながら、本時の学習について説明する。	●必要な情報を抽出・整理する力
	課題の設定	「しょう油の中に含まれる塩化ナトリウムを確かめるためには、どのような方法があるのだろうか。」	●見いだした関係性や傾向から、課題を設定する力
	（必要な知識・概念）	・蒸発乾固 ・ろ過 ・抽出 ・蒸発させて、出てきた結晶の形を確かめる。 ・炎色反応、硝酸銀水溶液を加えて白色沈殿が生じる。	
課題の探究（追究）	検証計画の立案	「しょう油の中の塩化ナトリウムを確かめるための実験を計画しましょう。」	●観察・実験の計画を立案する力
	観察・実験の実施 結果の処理	・蒸発皿で加熱すると、白色結晶ではなく、黒色固体が得られる。	●観察・実験を実行する力 ●観察・実験の結果を処理する力
	検証計画の立案	・実験計画の立て直し	●観察・実験の計画を立案する力
	観察・実験の実施 結果の処理	・黒色固体に水を加えてろ過すると、無色透明なろ液が得られた。 ・得られたろ液を加熱して水を蒸発させると、白色結晶が得られた。	●観察・実験を実行する力 ●観察・実験の結果を処理する力
課題の解決	考察・推論 表現・伝達	・得られた白色結晶を水に溶かして炎色反応を行うと黄色い炎の色により、ナトリウムが含まれていることを確認した。 ・得られた白色結晶を水に溶かして硝酸銀水溶液を加え、白色沈殿が得られたことから、塩化物イオンが含まれていることを確認した。 ・取り出した結晶の形を顕微鏡で観察し、立方体であることから、結晶は塩化ナトリウムであると推察した。	●観察・実験の結果を分析・解釈する力 ●考察・推論したことや結論を発表したり、レポートにまとめたりする力

2 探究の過程を踏まえた学習展開の例
①自然事象に対する気付き
・初めに，しょう油入りのボトルを生徒に見せながら，本時の学習について説明する。

今日は，しょう油の中にどのような物質が含まれているのか，確かめようと思います。
しょう油の中の主な成分は何だと思う？

塩。

その塩とは塩化ナトリウムのことですね。その理由は？

しょっぱいから。

②課題の設定

なるほど，それでは塩が含まれていることを確かめるためには，どんな方法があるのか考えてみましょう。

> しょう油の中に含まれる塩化ナトリウムを確かめるためには，どのような方法があるのだろうか。

蒸発させてみるとか，なめてみる。
蒸発させて，出てきた結晶の形を確かめる。
炎色反応や，硝酸銀水溶液を加えて白色沈殿が生じるか確かめる。

③検証計画の立案

しょう油の中の塩化ナトリウムを確かめるための実験を計画しましょう。

[生徒の実験計画例]
(1) しょう油5 mLを蒸発皿に入れ，加熱して液体を蒸発させ，結晶の塩化ナトリウムを取り出す。
(2) 取り出した塩化ナトリウム結晶を水に溶かして，黄色の炎色反応を確かめる。
(3) 取り出した塩化ナトリウム結晶を水に溶かして，硝酸銀水溶液を加え，白色沈殿を確かめる。
(4) 取り出した塩化ナトリウム結晶の形を顕微鏡で観察し，立方体であることを確かめる。

④観察・実験の実施，結果の処理

それでは，計画した順序で実験を行ってください。加熱後の蒸発皿は熱くなっているので，やけどに十分注意してください。

実践上のポイント

　これまでに学習したことを活用して，物質に含まれる成分元素を確認するための実験の計画を立てさせることとしている。ただし，化学実験のため「なめる」などの方法を避けるよう，注意させることが必要である。

理解が進んでいる生徒に対して

　しょう油のほか，みそや梅干しなど，日常生活や社会の中のその他のものを選ばせて，探究することも考えられる。濃口しょう油（食塩相当量 14.5 g/100 g）と薄口しょう油（食塩相当量 16.0 g/100 g）を用いて，塩化ナトリウムの得られる量を比較させることなども考えられる。

支援を必要としている生徒に対して

　実験を計画させる際に，水に溶けやすい，燃えにくい，炎色反応を示すなど，塩化ナトリウムの性質を示して，確認する方法に気付かせることなどが考えられる。

実践上のポイント

　生徒が立てた計画では，しょう油を加熱すると塩化ナトリウムの白色結晶が得られる，という予想である。生徒が立てた計画が予想どおりにならない場合であっても，試行させて考えさせることが大切である。

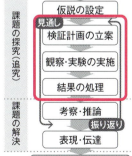

[生徒実験例]

まず，しょう油を蒸発皿に入れて加熱して，液体を蒸発させるぞ。
液体をすべて蒸発させるため，十分に加熱しよう。
（しばらく加熱を続けると）液体が減ってきたぞ。おや？だんだん黒くなってきたぞ？煙も出てきた*。
塩の結晶は白いはずだけれど，加熱を続けると白い結晶が残るのだろうか？とにかく加熱を続けてみよう。
（さらに加熱を続け，水分がなくなり，煙も発生しなくなると）白い結晶ではなく，黒っぽい固体が残ったぞ。
なぜだろう？塩化ナトリウムの白い結晶が残るはずではなかった？
（加熱を中止して）これは塩ではないな。この黒っぽい固体は何だ？

*この実験を行うと，かなり煙が出るので，換気に注意しよう。

この固体はしょう油を加熱して得られたものだね。みんなは塩化ナトリウムの結晶が得られると考えたようだけど，そうではないようだね。
中学生の時に学習したことや日常生活で経験していることを思い出そう。
塩化ナトリウムは燃える，それとも燃えない？

たしか，料理で使ったときに，燃えなかったわ。ということは，この固体の中に，塩化ナトリウムが含まれている可能性はない？
そう，塩化ナトリウムは加熱しても燃えない性質をもっていたね。

それでは，この中に塩化ナトリウムが含まれていることを確かめる方法を，もう一度考えてみてはどうかな？実験計画を立て直そう。

⑤**検証計画の立案**

生徒の実験計画の立て直し例
(1) しょう油を加熱して得られた固体に水を加えてかき混ぜ，含まれている塩化ナトリウムを水に溶かす。
(2) 液体をろ過し，集めたろ液を蒸発皿に入れ，加熱して液体を蒸発させ，結晶の塩化ナトリウムを取り出す。
(3) 取り出した塩化ナトリウム結晶を水に溶かして，黄色の炎色反応を確かめる。
(4) 取り出した塩化ナトリウム結晶を水に溶かして，硝酸銀水溶液を加え，白色沈殿が生じることを確かめる。
(5) 取り出した塩化ナトリウム結晶の形を顕微鏡で観察し，立方体であることを確かめる。

⑥**観察・実験の実施，結果の処理**
・しょう油を加熱して得た黒色固体に水を加えてろ過すると，ほぼ透明なろ液が得られた。
・得られたろ液を加熱して水を蒸発させると，白色結晶が得られた。

学習活動の工夫

計画した実験が，生徒の予想どおりにならない場合であっても，その過程を体験させ，考えることが大切であることから，教師が無理に誘導する必要はない。

実践上のポイント

ここでは，もう一度実験計画を立て直すことを促す展開としている。探究の過程は必ずしも一方向の流れではないことを体験させることが大切である。予想に反した実験結果が得られた理由を考えさせ，見通しをもって実験を再計画させることが大切である。

実践上のポイント

実験計画を立て直す際に，実験手順をフローチャートで表す活動に取り組むことなども考えられる。

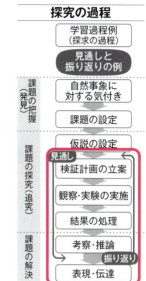

⑦考察・推論，表現・伝達

- 得られた白色結晶を水に溶かして炎色反応を行うと黄色い炎の色が見られたことから，ナトリウムが含まれていることを確認した。
- 得られた白色結晶を水に溶かして硝酸銀水溶液を加えると，白色沈殿が得られたことから，塩化物イオンが含まれていることを確認した。
- 取り出した結晶の形を顕微鏡で観察し，立方体であることから，結晶は塩化ナトリウムであると推察した。

したがって，しょう油には塩化ナトリウムが含まれていると考えて良さそうだね。

日常生活や社会の中での身近な他の物質についても，含まれている成分を確かめてみてはいかがでしょうか。

本単元のルーブリック例

	A	B	C
①物質の分離，精製，単体や化合物を構成している元素を確認する方法について理解できているか。	物質の分離，精製，単体や化合物を構成している元素を確認する方法について十分に理解できている。	物質の分離，精製，単体や化合物を構成している元素を確認する方法について理解できている。	物質の分離，精製，単体や化合物を構成している元素を確認する方法について理解できていない。
②身近な物質の成分元素を確認するための実験を計画できているか。	身近な物質の成分元素を確認するための実験を適切に計画できている。	身近な物質の成分元素を確認するための実験を計画できている。	身近な物質の成分元素を確認するための実験を計画できていない。
実験結果を分析，解釈し，成分元素を確認することができているか。	実験結果を分析，解釈し，成分元素を的確に確認することができている。	実験結果を分析，解釈し，成分元素を確認することができている。	実験結果を分析，解釈し，成分元素を確認することができていない。
③主体的に学習に取り組んでいるか。	振り返りながら，見通しをもって，粘り強く実験に取り組もうとしている。	粘り強く実験に取り組もうとしている。	粘り強く実験に取り組もうとしていない。

※なお，ルーブリックの規準・基準は生徒の実態に応じて設定することが考えられる。

3 執筆者のコメント，授業の展望

　この授業では，物質の分離・精製，成分元素の確認について学習した後，これまでに学習した知識を活用してしょう油から塩化ナトリウムを取り出して確かめるという展開としています。生徒は学習した塩化ナトリウムの性質を考えながら，しょう油から塩化ナトリウムを取り出す方法を検討し，実験に取り組みました。しかし，初めの予想とは異なり，しょう油を加熱しただけでは塩化ナトリウムの白色結晶が得られなかったことから，授業

者のアドバイスを基に実験方法を検討し直し,再度,実験に取り組みました。

　実験は特に難しいものではないですが,中学校までの知識や高等学校で得た新たな知識を活用して,実験を計画させ,実験結果を予想させてから,実際に実験に取り組ませるなど,探究の過程を授業で体験させることが,その後の化学を学ぶ意欲の高揚にもつながると考えます。成分元素の同定と物質の分離・精製の知識を活用して,探究的に課題や実験に取り組むことを通して,生徒の資質・能力の育成が図られることになるのです。

　　　　　　　　　　　　　　　（担当　飯田寛志　小林邦佳）

参考文献

風間徹也,「醤油・味噌・ソース―塩分が一番多いのは？」,化学と教育,**45**（1）,18～19（1997）.

高木春光,化学と教育,**58**（3）,128～129（2010）.

文部科学省　科学技術・学術審議会　資源調査分科会著,『日本食品標準成分表　2015年度版（七訂）』全国官報販売協同組合（2015）.

COLUMN

鉄検出実験から見える自然

藤田　勲

（芝浦工業大学柏中・高等学校　非常勤講師）

　砂鉄から鉄イオンを検出し,逆に鉄イオンから砂鉄を作る実験は広く行われている。同様に,ヒジキや大根の葉からの鉄検出や,乾燥血やレバーからの鉄検出も可能である。ここではこれらの実験を通して見える鉄の世界を概観しよう。

　地球は水の惑星であると共に鉄の惑星でもある。鉄は酸化物として地殻に重量で4番目に多い。原始地球の海にもイオンの形で大量に溶けていたので,海で誕生・進化した生命にも鉄イオンは取り込まれた。鉄はすべての動植物の必須元素で,O_2分子との親和性を利用して酸素の貯蔵・運搬・付加に関わったり,Fe^{2+}とFe^{3+}の変換を利用した呼吸や,光合成を触媒する電子伝達系酵素の中心元素でもある。

　酸素がまだなかった頃の海の鉄元素は可溶性の2価のイオンであったが,シアノバクテリアが酸素を放出して2価の鉄イオンを難溶性の3価に変えた。この結果,鉄は水酸化鉄（Ⅲ）として沈殿して縞状鉄鉱床を形成したため,現在の海に可溶性の鉄（Ⅱ）イオンはほとんど存在しない。海の森といわれる植物プランクトンの増殖には硝酸塩やリン酸塩などの栄養塩が必要であるが,太平洋赤道域などの海域では高濃度の栄養塩があるにもかかわらず,植物プランクトンの増殖が見られない。この原因は可溶性鉄イオンの不足で,この海域の鉄はN,P,Siの各元素と比べると1000分の1ほどしか存在していない。鉄の供給源は大陸から飛散する黄砂や大河川からの鉄錯体なので,海での鉄の分布は局所的で偏在している。

　鉄不足は沿岸域の藻場の磯焼けの原因でもある。豊かな森林で生成する腐葉土の中の有機酸は多数のカルボキシ基を持つので,クエン酸が鉄（Ⅲ）の錯体を形成するのと同様に,土壌中の酸化鉄（Ⅲ）を可溶性の鉄（Ⅲ）錯体に変えて川から海に運ぶ。この結果,鉄は海藻や植物プランクトンに吸収されるのだが,ダムや河川の改修工事,乱開発などが原因で可溶性の鉄（Ⅲ）錯体が海に供給されなくなって,磯焼けが拡大したのである。海の森を守っていたのは,実は豊かな森林だったのである。

第3章 電子と原子核の発見の歴史

●この単元を学習する意義

電子，原子核に関するそれまでの学習活動と関連させながら，電子と原子核の発見の歴史に触れることにより，原子の構造，陽子や電子の性質の理解を深めるようになること。

■KEYWORD: 電子の発見，原子核の発見，原子の構造

●育成すべき資質・能力

知識及び技能	原子の構造を理解する力
思考力，判断力，表現力等	実験結果を予想する際に電子に関する知識を関連付ける力
学びに向かう力等	主体的に学習に取り組む態度

歴史に触れながら電子の発見を追体験するために必要な要素

原子の内部構造
　原子核　電子

実験を基にした追体験を通して現象から根拠を明確にし，理由を説明する

陰極線とその性質

クルックス管　陰極
① 陰極線を発生させる実験
② 陰極線を障害物に当てる実験
　直進性
③ 電界中に陰極線を通過させる実験
　　　電荷
④ 陰極線を羽根車に当てる実験
　　　　粒子性

1 探究の過程を踏まえた学習指導の概要例

この授業では，原子の構造と電子，原子核の性質を理解させる際に，電子と原子核の発見の歴史を扱う。電子，原子核に関するそれまでの学習活動と関連させながら，主に電子の発見の歴史に触れる中で，課題を設定し，情報を収集し，それらを適切に処理して規則性を見いだしたり，認識を深めたりすることで，科学的な思考力，判断力，表現力等の育成を図ることを目指す展開としている。

探究の視点		学習指導の概要	資質能力の例
課題の把握（発見）	自然事象に対する気付き	・「原子」とは，ギリシャ語で atomos「分割できない」という意味を持つ。	●自然事象を観察し，必要な情報を抽出・整理する力
	課題の設定	・トムソンとは，どのようなことを成し遂げた科学者だろうか。	●見いだした関係性や傾向から，課題を設定する力
	（必要な知識・概念）	・電子，原子核，陽子，中性子 ・原子の構造	
課題の探究	観察・実験の実施 結果の処理	・トムソンの論文「陰極線」の知識を活用して，陰極線の実験の結果を予想しよう。	●観察する力 ●観察・実験の結果を処理する力
課題の解決	考察・推論	・陰極線の実験の結果から，陰極線の性質を説明しよう。	●観察・実験の結果を分析・解釈する力

2 探究の過程を踏まえた学習展開の例
①自然事象に対する気付き（必要な知識・概念），課題の設定

・教師はポスターを黒板に貼り付けながら説明を始める。

もともと「原子」とは，ギリシャ語で atomos「分割できない」という意味を持って名づけられた微小な粒子でした（図 3.1）。ところが，19 世紀末から 20 世紀にかけて原子は分割できない究極の粒子ではないことが確かめられてきたのです。

原子 ＝ **アトム**
atomos
（分割できない）

図 3.1　アトム

・教師はポスターを黒板に貼り付けて問いかける。

次の文の ? ?? にはどんな語句が入るだろう？

原子は負の電荷を帯びた粒子である ? と，正の電荷を帯びた ?? からなり，さらに ?? は正の電荷を持つ陽子と電荷を持たない中性子からできている。

それでは A 君どうですか？

原子は負の電荷を持つ 電子 と，正の電荷を帯びた 陽子 から成る。

? は電子でいいね，?? は陽子でいいでしょうか？ B さんどうでしょう？

わかりません。

確かに陽子は正の電荷を帯びていますが，原子一般で言うと，（黒板上のポスターの ?? の部分を剥がしながら）正の電荷を帯びた原子核から成る，ということになるでしょう。

原子は負の電荷を帯びた粒子である 電子 と，正の電荷を帯びた 原子核 からなり，さらに 原子核 は正の電荷を持つ陽子と電荷を持たない中性子からできている。

・教師は，スケッチブックを手に取り，解説する。

原子の内部についてはこのように学習したと思います（図 3.2）。今日の話はもともと「分割できない」という意味で名づけられた原子が，内部にさらに小さな粒子「電子」が含まれている，ということが発見されてきた過程をたどる授業です。

実践上のポイント

「すべての物質は原子からできている。」このことを人類が広く認めるまでの，次のような歴史を紹介することが考えられる。

- 古代ギリシャの哲学者・デモクリトス（紀元前460〜370年頃）は，この世は微小な基本粒子（原子）と，そのまわりの何もない空間（真空）からできていると考えた。基本粒子には種類があり，これが移動するためには粒子を取り巻く何もない空間が必要だった。
- これに対して，古代ギリシャの大学者・アリストテレス（紀元前384〜322年）は，自身の真空嫌悪説によってデモクリトスの考えを否定した。自然は真空生成を嫌う性質がある。また，そもそも何もない空間がある（＝ないものがある）とは，論理的におかしい，と考えた。アリストテレスの考えは絶大で，以後約2000年間，原子論は人々にあまり顧みられることはなかった。また，この世の物質は火，水，土，空気の四元素が相互に転換してできるという四元素説を唱えた。
- 時代は下って18世紀，空気が元素ではなく気体の混合物であることが明らかにされ，さまざまな種類の気体が発見された。そして，フランスのアントワーヌ＝ローラン・ド・ラボアジェ（1743〜1794年）は，水を長時間蒸留し続けたときに蒸留器の底にたまる土は，水が転換してできたものではなく，ガラス製蒸留器内部から出た物質であることを確かめた。さらに，熱した鉄くずに送り込んだ水蒸気が水素と酸素に分解することを示した。こういうわけで，人々の心を支配し続けてきたアリストテレスの四元素は，しだいに元素としての地位を失っていった。ラボアジェは物質を分解し続け，これ以上2つの異なる物質に分けることができない物質を「元素」と定義し，「化学要論」（1789年）の中で33種類の元素を示した。ラボアジェの元素は現在の単体に相当するものであった。
- 19世紀になると，イギリスのジョン・ドルトン（1766〜1844年）は，気体状態の物質がそれを構成する元素の原子から成ると考え，異種の元素の原子は大きさ・重さなどの点で異なり，2つの原子が結合して1つの化合物をつくるときの仮説を「化学の新体系」（1808年）の中で著した。彼はそれぞれの原子を特徴づけるための重要な性質は原子の相対質量であることを指摘し，彼の仮説に基づいて導いた原子の相対質量，すなわち原子量を示した。
- こうして，古代ギリシャのデモクリトスにより発祥した原子論は，アリストテレス，ラボアジェを経て，ドルトンによって原子の相対質量と結び付けられたことにより，いよいよ実体として歩み始めた。

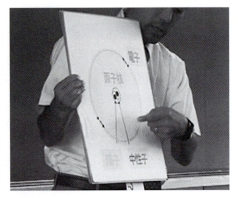

図 3.2　原子の内部はどうなっている？

・つづいて，教師は電子発見のきっかけとなった原典を紹介する。

原子の内部を探るきっかけをつくったイギリスのジョセフ・ジョン・トムソン（1856～1940年）は，19世紀終わりから20世紀にかけて活躍した学者です（図 3.3，図 3.4）。

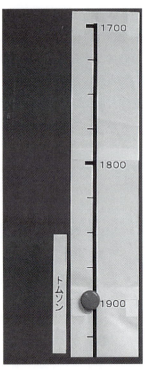

図 3.3　ジョセフ・ジョン・トムソン　　図 3.4　年表

トムソンとは，どのようなことを成し遂げた科学者だろうか。

トムソンは，原子の内部を探る研究をしていました。トムソンが今から約100年前に英文で書いた「陰極線」(1897年)という論文の内容を紹介します。

理解が進んでいる生徒に対して
原子の構造については省略し,なぜ原子が「分割できない」の意味を持つ「アトム」と名付けられたのかを話し合わせて,関心を持たせることも考えられる。

支援を必要としている生徒に対して
既習事項であっても,丁寧に扱って理解を促すことが考えられる。その際,スケッチブックやポスターなどを使用することにより,関心を引く工夫をすることが有効であると考えらえる。

実践上のポイント
トムソンが活躍した時代背景などを紹介しながら,化学の発展に寄与したラザフォードをはじめとした人物とその時代との関係について,触れることも考えられる。

理解が進んでいる生徒に対して
トムソンの論文について,原典日本語訳や英文の一部を紹介して,意味を読み解く活動を入れることも考えられる。

支援を必要としている生徒に対して
トムソンの論文について,原典日本語訳の一部の実物などを紹介し,動機づけとなるようにしたい。

・教師は，論文の内容について解説を行う。

ある実験装置の電極のうち，陰極から飛び出してくる，物質なのか，光なのかもわからないもの「陰極線」が発見されたのは19世紀も終わりの頃でした。トムソンは陰極線の正体が何であるかを突き止める研究を続け，1つの論文にまとめました。

これが，トムソンが使った実験装置（クルックス管）です（図 3.5）。

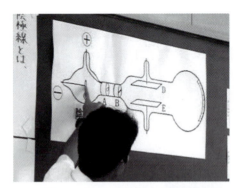

図 3.5　クルックス管内の陰極線

電極を内蔵したガラス管の内部の空気を真空ポンプで抜き去ります。電極に高電圧をかけると陰極（電源の負極につないだ電極）から何かが飛び出し，ガラス内面に塗りつけてある硫化亜鉛（Ⅱ）ZnSに当たるとそこが光ります〔図 3.6（a）〕。

管内の電極Dを＋，電極Eを－として電圧をかけると陰極線は上方向に曲がります〔図 3.6（b）〕。また，電極Dを－，電極Eを＋とすると逆方向に曲がることを確かめました〔図 3.6（c）〕。このことから，陰極線は負の電荷を帯びた何かであることがわかります。

陰極から出てくる負の電荷を持つ陰極線は粒子の流れではないか，そうだとしたらこの粒子はもともとどこにあったのだろう，とトムソンは考えました。トムソンはこの粒子が陰極をつくる金属原子中から出たと考え，陰極線とは原子中に含まれる負の電荷を持つ微粒子であると考えたのです（図 3.7）。そして，この粒子はすべての原子を構成している共通の物質粒子であることを示したのです。

この粒子は，現在では電子と呼ばれています。トムソンのこの論文は陰極線の正体が原子の内部構造と関係があることを示したものでした。

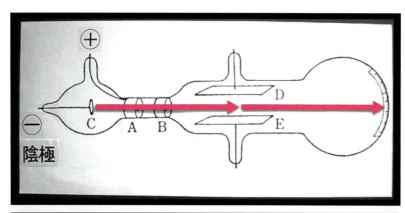
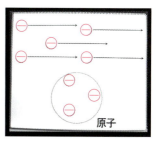

図 3.7 陰極線微粒子は原子内部に含まれている

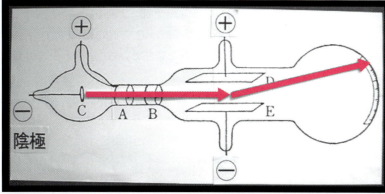

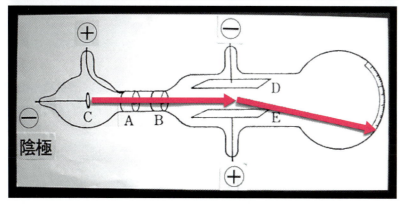

図 3.6 陰極線の様子

(a) 電極 A, C 間に高電圧をかけると,電極 C から陰極線が飛び出してくる。
(b) 電極 D を＋,電極 E を－として電圧をかけると,陰極線は上方向に曲がる。
(c) 電極 D を－,電極 E を＋として電圧をかけると,陰極線は下方向に曲がる。

②観察・実験の実施，結果の処理，考察・推論

・次に，教師は演示実験を行うことを告げ，生徒を実験装置の前に移動させる。教師は生徒に問いかけながら実験を進める。

*1 この実験ではX線が発生する場合があることから，実験中はクルックス管に近づきすぎない，実験時間は必要最小限とする，ガラスで遮蔽するなど，必要に応じて防護対策を講じることが考えられる。

陰極線の実験*1 を紹介し，陰極線について確かめてみましょう。誘導コイルを用いて発生させた高電圧をクルックス管内の電極にかけると，陰極から陰極線が飛び出すことが確かめられます（図3.8）。

次は，陰極線の進む先に平行電極を置き，これに高電圧をかけます。平行電極の上側を陽極（＋極），下側を陰極（－極）にすると，平行電極の陽極の方向に陰極線が引っ張られて進路が曲がります〔図3.9（a）〕。平行電極の極性を逆にすると，陰極線の進路は逆方向に曲がります〔図3.9（b）〕。このことから，陰極線は負の電荷を帯びていることがわかるのです。

その次は，羽根車が入っているクルックス管を用いて陰極線を発生させます。さて，クルックス管内はどのようになるだろうか？

陰極線は羽根に当たって羽根が光る。

陰極線を羽根に当て続けると，羽根が動き出すのでは。

実験をしてみると，羽根車に陰極線を当て続けると，やがて陰極線の進行方向に羽根車が回転し始めます。
クルックス管の左側を陰極（－極），右側を陽極（＋極）にして実験すると，陰極線は左から右へ直進することになるため，羽根車は回転して右方向へ移動を始めます。クルックス管の電極の極性を逆にすると羽根車は逆方向に回転し始めます〔図3.9（c）〕。

・教師は，陰極線についてまとめる。

トムソンは陰極線が電極の金属の原子内から飛び出した負電荷を持つ粒子であるという結論を得たのです。この粒子は電極金属だけでなくすべての物質，すべての種類の原子に共通に含まれているとして，これが後に「電子」と呼ばれるようになりました。

また，原子中の「原子核」の存在についても，イギリスのアーネスト・ラザフォードや日本の長岡半太郎らによって，その存在が明らかにされてきました。

原子には共通の粒子「電子」「原子核」が含まれている，このことは原子が分割できない究極粒子ではないことを意味しています。これにより教科書にあるような原子構造の知識が得られ，今日に至っているのです。

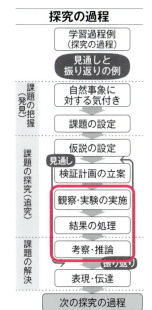

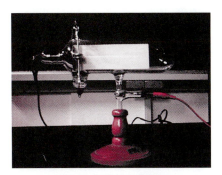

図 3.8 陰極線の実験 1
陰極から陰極線が飛び出し,陰極線の光路が現れる。

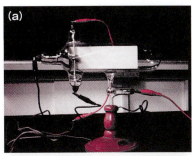 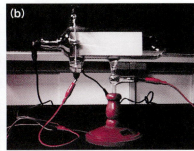

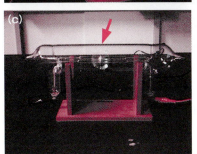

図 3.9 陰極線の実験 2

(a) 平行電極の上を陽極,下を陰極として高電圧をかけると,陰極線は上方向に曲がる。
(b) 平行電極の上を陰極,下を陽極として高電圧をかけると,陰極線は下方向に曲がる。
(c) 羽根車に陰極線を当てると,陰極から陽極に向かう方向に羽根車が回転する。陰極と陽極を逆にすると,羽根車は逆回転する(矢印)。

 現代を生きる私たちは原子についてのさまざまな知識をもっています。それは今から約100年前に,トムソンが原子の内部構造を解明したことによる知識なのです。

それでは今から100年後の人々がもつ知識とはどのようなものなのでしょう。その知識は現代を生きる私たちによってもたらされることでしょう。君たちの中から100年後の知識をもたらす人が出ることを期待しています。

本単元のルーブリック例

	A	B	C
①原子の構造を理解しているか。	原子の構造について十分に理解できている。	原子の構造について理解できている。	原子の構造について理解できていない。
②実験結果を予想する際に電子に関する知識を関連付けているか。	実験結果を予想する際に電子に関する知識について適切に関連付けができている。	実験結果を予想する際に電子に関する知識について関連付けができている。	実験結果を予想する際に電子に関する知識について関連付けができていない。
③主体的に学習に取り組んでいるか。	振り返りながら，見通しをもって，粘り強く学習に取り組もうとしている。	粘り強く学習に取り組もうとしている。	粘り強く学習に取り組もうとしていない。

※なお，ルーブリックの規準・基準は生徒の実態に応じて設定することが考えられる。

3 執筆者のコメント，授業の展望

　電子と原子核の発見の歴史などを授業で扱う際の背景について，ここで簡単に触れてコメントに代えます。

　原子すなわち「アトム」はギリシャ語で分割できないことを意味する究極の微粒子として，その名を与えられました。ところが19世紀末から20世紀にかけて，原子は究極の微粒子ではないことが確かめられてました。

　内部に電極を取り付けたガラス容器に気体をわずかに封入して電圧をかけると，放電が起こって明るい光が出てきます。ここで内部の気体の圧力をさらに下げると，放電による明るい光は消え，容器内のガラス壁が淡緑色の蛍光を発するようになります。前者はガイスラー管，後者はクルックス管と呼ばれています。陰極から何かが出ていると考えられ，ゴルドシュタインによって「陰極線」と名付けられました。陰極線は磁界で曲げられ，偏りの向きは陰極線が負電荷を持つことを示していましたが，その考えの反証として，陰極線が金箔を通過することができる事実や，電界によって曲げられる効果が検出できなかったことがあがりました。

　さらに原子の内部構造に関する深い研究を行ったのが，イギリスの科学者，ジョゼフ・ジョン・トムソン（1856～1940年）です。トムソンは最初，陰極線は陰イオンであると考えていましたが，磁界による偏向が予想よりはるかに大きいことを確かめ，陰極線が粒子であり原子より軽いと考えました。しかし，磁界による大きな偏向は粒子の質量が小さいことによってではなく，粒子の速度が小さいことによっても説明できましたが，トムソンは高速であることを確かめました。また，粒子の質量と電荷の比を見積もり，最も軽い原子である水素と比較して，重さは千分の一であると推定しました。さらに，陰極線が電界によって曲げられる効果を検出できない原因が，希薄な気体にあるとして，十分な真空状態で実験した結果，電界に

より陰極線の偏向を生じさせることに成功しました。そして，トムソンは電界と磁界を同時にかけて，両者による陰極線の偏向をゼロにする実験に取り組み，以前に得た陰極線の粒子の速度と，質量と電荷の比の値を確証するに至ったのです。

　トムソンは自身の論文「陰極線」（1897年）でこれらを明らかにしました。こうして電子の存在は確かめられ，電子はすべての原子の構成要素であることが認められていったのです。

　また，ジャン・ペラン（1901年）や長岡半太郎（1903年）は，原子の中心に正の電荷を帯びた原子核があり，その周りに負の電荷を帯びた電子が回っているという原子模型を提唱しました。さらに，アーネスト・ラザフォードやニールス・ボーアらによって，原子の内部構造に関わる原子模型が少しずつ明らかになってきました。長岡は，東京帝国大学の定年後も理化学研究所で研究を続けました。そのような伝統ある理化学研究所で，森田浩介らは113番元素を合成し，2016年にはニホニウム Nh という元素名と元素記号が確定しました。

　原子はもはや分割できない究極の微粒子ではなくなり，合成できるようにもなりましたが，物質を構成する基本単位として，今でも人々は原子すなわち「アトム」と呼びつづけているのです。

（担当　飯田寛志　渡部智博）

参考文献

朝永振一郎編,『物理学読本第2版』みすず書房（1969）.

J. J. Thomson, "Cathode Rays", Philosophical Magazine, 44（1897）.

A・E・E・マッケンジー著, 増田幸夫ほか訳,『科学者のなしとげたこと4』
　　共立出版（1976）.

スティーブン・ワインバーグ著, 本間三郎訳,『電子と原子核の発見
　　二十世紀の物理学を築いた人々』日経サイエンス（1988）.

稲村卓, よみがえる長岡原子模型, 放射化学, **31**, 55（2015）.

矢野淳滋, クルックス管の中で羽根車が回るわけ, 物理教育, **24**（2），
　　61（1976）.

第4章 酸・塩基

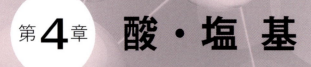

●この単元を学習する意義

酸・塩基の基礎的・基本的な知識を活用し，未知試料の性質を調べる実験計画を立案して未知試料の同定に取り組むことにより，中和反応における量的な関係性を見いだして表現できるようになること。

■KEYWORD：中和反応の量的関係, 物質の同定, 指示薬

●育成すべき資質・能力

知識及び技能	中和反応の量的関係，酸・塩基の性質を理解する力，中和に関する実験技能
思考力，判断力，表現力等	中和反応における量的な関係性を表現できる力
学びに向かう力等	主体的に学習に取り組む態度

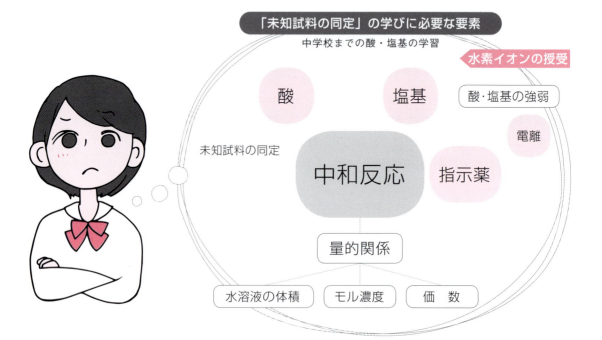

1 探究の過程を踏まえた学習指導の概要例

ここでは，酸と塩基，中和反応とその量的関係についての知識を活用し，未知の酸性試料，塩基性試料を同定するために実験を計画し，実験の結果から試料を同定する活動に取り組むことにより，科学的な思考力，判断力，表現力等の育成を図ることを目指す。

探究の視点		学習指導の概要	資質能力の例
課題の把握（発見）	課題の設定	・5種類の酸，塩基等の未知試料A～Eを，未知試料同士の混合およびフェノールフタレイン溶液を用いて，化学的に同定する。	●必要な情報を抽出・整理する力 ●抽出回整理した情報について，それらの関係性や傾向を見いだす力
	（必要な知識・概念）	・酸，塩基の種類　・酸性，塩基性の強弱 ・酸，塩基の価数 ・酸や塩基にはそれぞれ特有な性質がある。 ・酸と塩基の学習で学んだ知識を活かすことで，未知の酸や塩基を識別することができる。	
課題の探究（追究）	検証計画の立案	・試料が酸であるのか塩基であるのかを確かめるために，どのような方法が考えられるか。 ・実験器具，試薬を用いて，試料を分類するための実験を計画し，結果を予想しよう。	●観察・実験の計画を評価・選択・決定する力
	観察・実験の実施	・フェノールフタレイン溶液を加えて，赤色に変化すれば塩基性，無色透明のままであれば酸性または中性であるので，セルプレートの別々のセルに，A～Eの未知試料をそれぞれ1滴ずつ加え，さらにフェノールフタレインをそれぞれ1滴ずつ加えて，色の変化を確かめる。	●観察・実験を実行する力
	結果の処理	・未知試料とフェノールフタレイン溶液の色の関係について，表にまとめる。	●観察・実験の結果を処理する力
課題の解決	考察・推論 表現・伝達	・フェノールフタレイン溶液が赤色に変化したC，Eは0.1 mol/L 水酸化ナトリウム水溶液か 0.1 mol/L 水酸化バリウム水溶液のいずれかであると考えられる。その理由は，この2つの試料は強い塩基性を示すからである。 ・溶液が無色のままであったA，B，Dは，0.1 mol/L 塩酸，0.1 mol/L 硫酸水溶液，純水のいずれかであると考えられる。その理由は 0.1 mol/L 塩酸，0.1 mol/L 硫酸水溶液は酸性，純水は中性を示すからである。	●観察・実験の結果を分析・解釈する力 ●考察・推論したことや結論を発表したり，レポートにまとめたりする力
課題の探究（追究）	検証計画の立案	・2種類の未知試料を混合して，フェノールフタレイン溶液で溶液の色が変化を確認できると考えられるものについて抽出する。 ・実験計画を立てる際に必要な化学の内容を示す。 ・これらを踏まえ，未知試料A～Eについて同定するための実験を計画する。	●観察・実験の計画を評価・選択・決定する力
	観察・実験の実施	・セルプレートに，フェノールフタレイン溶液で反応が見られなかった未知試料を，それぞれ4滴ずつ滴下し，フェノールフタレイン溶液を1滴加えておく。 ・フェノールフタレイン溶液で反応した未知試料のいずれか片方を，加える量と変化を記録しながらセルプレートに滴下する。	●観察・実験を実行する力
	結果の処理	・実験結果を表にまとめる。	●観察・実験の結果を処理する力
課題の解決	考察・推論 表現・伝達	・試料の同定とその理由についてまとめる。	●観察・実験の結果を分析・解釈する力 ●考察・推論したことや結論を発表したり，レポートにまとめたりする力
課題の把握（発見）	自然事象に対する気付き	・酸性試料，塩基性試料の性質とその中和反応を活用すると，未知試料を同定することができる。	●必要な情報を抽出・整理する力
	課題の設定	・他の酸性試料，塩基性試料についても，同様な方法で同定することができるのではないか。	●見いだした関係性や傾向から，課題を設定する力
	（必要な知識・概念）	・指示薬の変化	

2 探究の過程を踏まえた学習展開の例

①課題の設定

アレニウスの酸と塩基の定義の学習で学んだ知識を活かすことで，未知の酸や塩基[*1]を識別することができます。

これから，5種類の酸，塩基等の未知試料A〜Eを，未知試料同士で混合したりフェノールフタレイン溶液を用いて，化学的に同定することに取り組もうと思います。

未知試料A〜Eは，次のどれかであることがわかっています。

- 0.1 mol/L 塩酸
- 0.1 mol/L 硫酸水溶液
- 純水
- 0.1 mol/L 水酸化ナトリウム水溶液
- 0.1 mol/L 水酸化バリウム水溶液

[*1] ここでは，アレニウスの定義（水溶液中で水素イオンを放出するものを酸，水酸化物イオンを放出するものを塩基とする）に基づいて酸・塩基の定義を扱う。

A〜Eはこれらの試料のどれなのかを確かめようと思います。
初めに，これらの試料について，性質をまとめてみましょう。

性質＼試料	0.1 mol/L 塩酸	0.1 mol/L 硫酸水溶液	純水	0.1 mol/L 水酸化ナトリウム水溶液	0.1 mol/L 水酸化バリウム水溶液
化学式	HCl	H_2SO_4	H_2O	NaOH	$Ba(OH)_2$
価数	1価の酸	2価の酸		1価の塩基	2価の塩基
強弱	強酸性	強酸性	中性	強塩基性	強塩基性
pH	1	約1	7	13	約13
酸・塩基との反応	塩基で中和する	塩基で中和する	反応しない	酸で中和する	酸で中和する

②検証計画の立案

これらの試料が酸性なのか塩基性なのかを確かめるには，どのような方法が考えられますか？

青色・赤色のリトマス紙を使います。青色リトマス紙が赤くなれば酸性，赤色リトマス紙が青くなれば塩基性，青色リトマス紙，赤色リトマス紙とも色に変化がなければ中性ですよね。

万能試験紙を使うのも1つの方法だと思います。色の変化で酸性，塩基性，中性だとわかりますよね。フェノールフタレイン溶液を加えて，赤色に変化すれば塩基性の水溶液，無色透明のままであれば酸性または中性ですよね。

いいですね。それでは，フェノールフタレイン溶液を使って確かめてみましょう。使用する実験器具，試薬は次のものです。

実践上のポイント
この授業では，これまでに学習した知識を活用して取り組む課題を教師が設定している。また，自然事象に対する気付きから生徒が自ら課題を設定して取り組むのではなく，教師が適切な課題を与えることもあることを想定している。

理解が進んでいる生徒に対して
未知試料については，強酸，強塩基のほか，弱酸，弱塩基を含めたり，異なる濃度の酸，塩基としたりすることも考えられる。

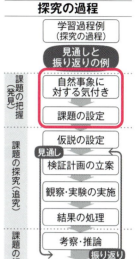

- 必要な情報を抽出・整理する力
- 抽出・整理した情報について，それらの関係性や傾向を見いだす力

実践上のポイント
酸・塩基等の性質（特徴）を表などでワークシートなどに整理して，科学的な根拠と結び付けるきっかけを作る展開としている。

理解が進んでいる生徒に対して
実験計画を立案させる際に，フェノールフタレイン溶液以外の方法で行う場合の計画を立てさせ，それらを比較させて実験方法を吟味させるなども考えられる。

支援を必要としている生徒に対して
フェノールフタレイン溶液に絞って計画を立てさせることも考えられる。

- 観察・実験の計画を評価・選択・決定する力

> ・セルプレート
> ・15 mL 点眼ビン入り試料（5種類）
> ・15 mL 点眼ビン入りフェノールフタレイン溶液

これらの実験器具，試薬を用いて，試料を同定するための実験を計画し，結果を予想しましょう。

フェノールフタレイン溶液を加えて，赤色に変化すれば塩基性，無色透明のままであれば酸性または中性なので，セルプレートの別々のセルに，A～Eの未知試料をそれぞれ1滴ずつ滴下し，さらにフェノールフタレイン溶液をそれぞれ1滴ずつ滴下して，色の変化を確かめてみます。

それでは，計画した実験を実施し，実験結果からわかることを科学的な根拠に基づいて説明してみてください。

③観察・実験の実施，結果の処理
・実験結果をまとめる

性質＼試料	A	B	C	D	E
フェノールフタレイン溶液による色の変化	無色透明のまま	無色透明のまま	赤色に変化する	無色透明のまま	赤色に変化する

④考察・推論，表現・伝達
・根拠に基づき考察を記述させる。

この実験結果から，フェノールフタレイン溶液が赤色に変化したC，Eは0.1 mol/L 水酸化ナトリウム水溶液か0.1 mol/L 水酸化バリウム水溶液のいずれかであると考えられますね。理由は，この2つの試料は強い塩基性を示すからです。

溶液が無色のままだったA，B，Dは，0.1 mol/L 塩酸，0.1 mol/L 硫酸水溶液，純水のいずれかだと考えられます。理由は0.1 mol/L 塩酸，0.1 mol/L 硫酸水溶液は酸性，純水は中性[*2]を示すからです。

＊2 純水は空気中の CO_2 を吸収し，弱酸性を示すことがある。

続いて，これらの試料を混合した際の変化について考えてみましょう。2種類の未知試料を混合して，フェノールフタレイン溶液を加えて色が変化したり，臭いがしたりするなど，変化を確認できると考えられるものについて，表の中に○を付けましょう。

実践上のポイント

実験の計画については，個人で考えた後にグループで話し合わせるなど，対話を通して思考，判断，表現させることが考えられる。

実践上のポイント

グループで意見交換や議論する際には，あらかじめ個人で考えることが重要である。見通しを持ち，検証できる仮説を設定する力を身に付けさせるために，既習の科学的根拠を個人で十分に考える活動を事前に行い，必要な情報を抽出整理する学習活動を学習過程に位置付けると良い。

また，観察・実験の計画を評価・選択・決定する取り組みでは，対話的な学びの要素を学習過程に位置付けることによって，思考力，判断力，表現力等を高めることができると考えられる。このとき，他者とのかかわりの中で自分の考えをより妥当なものにする力を身に付けさせる視点が重要である。

理解が進んでいる生徒に対して

根拠に基づき，実験結果から結論を導くことについて，意識して記述させることなどが考えられる。

支援を必要としている生徒に対して

実験結果から導く結論まで示して，その根拠を記述させることなどが考えられる。

セルプレート内の試料＋p.p.溶液 / 加える試料	0.1 mol/L 塩酸	0.1 mol/L 硫酸水溶液	純水	0.1 mol/L 水酸化ナトリウム水溶液	0.1 mol/L 水酸化バリウム水溶液
0.1 mol/L 塩酸					
0.1 mol/L 硫酸水溶液	×			（左下と同様）	
純水	×	×			
0.1 mol/L 水酸化ナトリウム水溶液	○ 中和反応	○ 中和反応	○		
0.1 mol/L 水酸化バリウム水溶液	○ 中和反応	○ 中和反応	○	×	

それでは，未知試料A〜Eについて同定するための実験を計画しましょう。実験の計画にあたり，次の内容を確認します。

・実験計画を立てる際に必要な知識を示す。
○フェノールフタレイン溶液は，塩基性のときには赤色に変化，塩基性から酸性に変化するときには無色に変化
○酸と塩基の中和反応における量的な関係
　1価の酸と1価の塩基は，同じ濃度ならば体積比1：1で中和する
　2価の酸と1価の塩基は，同じ濃度ならば体積比1：2で中和する
　1価の酸と2価の塩基は，同じ濃度ならば体積比2：1で中和する
　2価の酸と2価の塩基は，同じ濃度ならば体積比1：1で中和する

⑤検証計画の立案

未知試料A〜Eについて同定するための実験を計画しましょう。

それでは実験計画を整理して書いてください。図や表を使ってもいいですよ。

・実験計画と結果の予想から導かれる結論を根拠とともにまとめる活動を行う。

実践上のポイント

ここまでの実験と同様に，酸・塩基等の性質（特徴）を表で整理するなどして，科学的な根拠と結び付けるきっかけを作る展開としている。先に実施した実験の結果と関連付けて，表をまとめながら，この後の実験の手順や方法等について計画する手がかりとする。

理解が進んでいる生徒に対して

どのような変化を確認することができるのか，説明させることなどが考えられる。

赤色から無色への変化は残像が残るため，わかりにくいことがある。このため，無色から赤色の変化で中和点を見極めることになっている。

支援を必要としている生徒に対して

どのようになるとフェノールフタレイン溶液が無色から赤色に変化するのかを再度確認した上で，無色から赤色に変化する場合の試薬の組み合わせを検討させるなどが考えられる。

実践上のポイント

ここでも，観察・実験の計画を評価・選択・決定する取り組みにおいて，対話的な学びの要素を学習過程に位置付け，他者とのかかわりの中で，自分の考えをより妥当なものにする力を身に付けさせることが重要である。

●観察・実験の計画を評価・選択・決定する力

（生徒記述例）
【実験計画】
- セルプレート内に，フェノールフタレイン溶液で反応が見られなかった未知試料を，それぞれ4滴ずつ滴下し，フェノールフタレイン溶液を1滴加えておく。
- フェノールフタレイン溶液で反応した未知試料のいずれか片方について，加える量と変化を記録しながらセルプレート内の試料に滴下する。

セルプレートに加える試料	セルプレート内の試料	フェノールフタレイン溶液で無色の未知試料			実験回数
		塩酸 4滴	硫酸水溶液 4滴	純水 4滴	
フェノールフタレイン溶液で赤色となる未知試料	水酸化ナトリウム水溶液	4滴以上加えると赤色に変化すると考えられる。	8滴以上加えると赤色に変化すると考えられる。	1滴以上加えると赤色に変化すると考えられる。	それぞれ2回
	水酸化バリウム水溶液	2滴以上加えると赤色に変化すると考えられる。	4滴以上加えると赤色に変化すると考えられる。	1滴以上加えると赤色に変化すると考えられる。	

※中和反応の量的関係により，加える滴数の違いから，フェノールフタレイン溶液で反応しなかった未知試料が，塩酸，硫酸水溶液，純水のいずれかとわかる。また，加える試料についても，加える滴数の違いから識別することができるので，どちらか一方の実験でよい。

※セルプレート内に入れておく試薬は，3種類とも確認する必要がある。2種類で実施した際に，4滴及び1滴の結果が出た場合に，加える試料を区別できないからである。

⑥観察・実験の実施，結果の処理
- 実験結果をまとめる。

【実験結果】

セルプレートに加える未知試料	セルプレート内の未知試料	酸性試料または純水			塩基性試料	
		A 4滴＋p.p.溶液1滴	B 4滴＋p.p.溶液1滴	D 4滴＋p.p.溶液1滴	C 4滴	E 4滴
酸性試料または純水	A				(左下と同様)	
	B					
	D					
塩基性試料	C	2滴以上加えたら赤色に変化した。	4滴以上加えたら赤色に変化した。	1滴加えたら赤色に変化した。		
	E	4滴以上加えたら赤色に変化した。	8滴以上加えたら赤色に変化した。	1滴加えたら赤色に変化した。		

網掛け：実施しなかった実験。

実践上のポイント

実験上の注意として，次の事項を示すことが大切である。
・実験では，保護メガネを着用する。
・溶液が手に付かないようにする。誤って手に付いた場合には，よく水洗いする。
・未知試料同士の混合は，2種類までとする。1つのセルにつき，1回の実験と数えて行う。
・揺すって混ぜ合わせた時にあふれないよう，1つのセルには15滴以上加えない。

ONE POINT

価数を判定する実験であるため，水溶液の濃度の調製は有効数字1桁で十分である。

理解が進んでいる生徒に対して

実験回数については，使用する試薬の量を考慮して，可能な限り少ない回数で実施することを意識させることが考えられる。

支援を必要としている生徒に対して

生徒の状況によっては，授業者が実験計画を誘導することも必要であると考えられる。

実践上のポイント

実験結果を分析解釈することによって，得られた知識や技能を基に，次の課題を発見したり，新たな視点で現象を把握したりする学習場面を設けることが重要である。

実践上のポイント

見通しを持った探究的な学習活動を通じて，未知の状況にも対応できる「深い学び」につなげる力を身に付けさせることが大切である。

●観察・実験を実行する力
●観察・実験の結果を処理する力

⑦考察・推論，表現・伝達
・試料の同定とその理由についてまとめる。

【同定された試料名】

A	B	C	D	E
0.1 mol/L 塩酸	0.1 mol/L 硫酸水溶液	0.1 mol/L 水酸化バリウム水溶液	純水	0.1 mol/L 水酸化ナトリウム水溶液

【理由】

Dは純水だと考えました。その理由は，塩基性試料のC，Eを1滴加えただけで赤色に変化したことと，0.1 mol/L塩酸や0.1 mol/L硫酸水溶液の場合は，中和反応が起き，4滴以上加えないと色が変化しないからです。

Aは0.1 mol/L塩酸，Cは0.1 mol/L水酸化バリウム水溶液だと考えました。なぜなら，酸性試料のA4滴に塩基性試料のC2滴以上加えたところで赤色に変化したので，C2滴で完全に中和したと考えられ，同じ濃度の水溶液の体積比が2：1となることから，塩基性試料の価数は酸性試料の価数の2倍だと考えられます。したがって，酸性試料のAは塩酸，塩基性試料のCは水酸化バリウム水溶液だといえます。

Bは0.1 mol/L硫酸水溶液，Eは0.1 mol/L水酸化ナトリウム水溶液だと考えました。なぜなら，酸性試料のB4滴に塩基性試料のE8滴以上加えたところで赤色に変化したので，E8滴で完全に中和したと考えられます。同じ濃度の水溶液の体積比が1：2となるので，酸性試料の価数は塩基性試料の価数の2倍だと考えられます。よって，酸性試料のBは硫酸水溶液，塩基性試料のEは水酸化ナトリウム水溶液だといえます。

酸性試料のA4滴に塩基性試料のE4滴以上加えたところで赤色に変化したので，E4滴で完全に中和したと考えられます。同じ濃度の水溶液の体積比が1：1となるので，酸性試料と塩基性試料の価数は同じだと考えられます。したがって，酸性試料のAは塩酸，塩基性試料のEは水酸化ナトリウム水溶液だといえます。

同じように，酸性試料のB4滴に塩基性試料のC4滴以上加えたところで赤色に変化したことから，C4滴で完全に中和したと考えられます。同じ濃度の水溶液の体積比が1：1となるので酸性試料と塩基性試料の価数は同じと考えられます。よって，酸性試料のBは硫酸水溶液，塩基性試料のCは水酸化バリウム水溶液だといえます。

実践上のポイント

試薬の調製方法の基礎について，次の事項を確認させることも考えられる。

試薬の調製にあたっては，市販の濃塩酸（12 mol/L，約 37％，密度 1.19 g/cm^3），濃硫酸（18 mol/L，約 98％，密度 1.83 g/cm^3），濃硝酸（14 mol/L，約 62％，密度 1.38 g/cm^3），氷酢酸（17 mol/L，約 99％，密度 1.05 g/cm^3）を純水で希釈して，目的の濃度に調製する。酸を量り取るメスピペットは，乾いたものを使用するか，量り取る酸で共洗いをしてから使用する。メスピペットには安全ピペッターを取り付けて，酸を量り取るとよい。一方，メスフラスコは乾いていても，純水でぬれていてもよい。メスフラスコなどのような目盛りの付いたガラス器具（測容器）は，温めて乾かさないように注意する。

0.1 mol/L 塩酸の調製

メスピペットで濃塩酸 0.83 mL を純水に溶かして 100 mL とする。ただし，塩酸は揮発性の酸であることから，およその濃度となることに留意する。

0.1 mol/L 硫酸水溶液の調製

メスピペットで濃硫酸 0.55 mL を純水に溶かして 100 mL とする。なお，メスフラスコにはあらかじめ少量の純水を入れておき，濃硫酸に純水を加えることのないようにする。濃硫酸に純水を加えると急激に発熱するので危険である。また，濃硫酸は吸湿性であることから，およその濃度となることに留意する。

0.1 mol/L 水酸化ナトリウム水溶液の調製

水酸化ナトリウムの固体 4 g を純水に溶かして 1000 mL とする。なお，水酸化ナトリウムは潮解性があることから，およその濃度となることに留意する。

フェノールフタレイン溶液

フェノールフタレインは水に溶けにくい白色の固体である。このため，フェノールフタレイン粉末 1 g を 95％エタノール 90 mL に溶かし，水を加えて 100 mL とする。

・未知試料 A～E について，物質名を示す。
　A　0.1 mol/L 塩酸
　B　0.1 mol/L 硫酸水溶液
　C　0.1 mol/L 水酸化バリウム水溶液
　D　純水
　E　0.1 mol/L 水酸化ナトリウム水溶液

⑧自然事象に対する気付き，課題の設定

> 他の酸性試料，塩基性試料についても，同様の方法で同定することができるのではないか。

他の酸性試料，塩基性試料の場合でも同定する実験方法を考えてみてはどうでしょう。

本単元のルーブリック例

	A	B	C
①中和反応の量的関係，酸・塩基の性質を理解できているか。	中和反応の量的関係，酸・塩基の性質について十分に理解できている。	中和反応の量的関係，酸・塩基の性質について理解できている。	中和反応の量的関係，酸・塩基の性質について理解できていない。
中和に関する実験技能が身に付いているか。	中和に関する実験技能が十分に身に付いている。	中和に関する実験技能が身に付いている。	中和に関する実験技能が身に付いていない。
②中和反応における量的な関係性について表現できているか。	中和反応における量的な関係性について，的確な表現ができている。	中和反応における量的な関係性について，表現ができている。	中和反応における量的な関係性について，表現ができていない。
③主体的に学習に取り組んでいるか。	振り返りながら，見通しをもって，粘り強く実験に取り組もうとしている。	粘り強く実験に取り組もうとしている。	粘り強く実験に取り組もうとしていない。

※なお，ルーブリックの規準・基準は生徒の実態に応じて設定することが考えられる。

探究の過程

学習過程例（探究の過程）

見通しと振り返りの例

課題の把握（発見）
- 自然事象に対する気付き
- 課題の設定

課題の探究（追究）
- 仮説の設定
- 見通し
- 検証計画の立案
- 観察・実験の実施
- 結果の処理

課題の解決
- 考察・推論
- 振り返り
- 表現・伝達

次の探究の過程

● 必要な情報を抽出・整理する力
● 見いだした関係性や傾向から，課題を設定する力

3 執筆者のコメント，授業の展望

「化学基礎」の物質の変化の単元では，酸，塩基の性質や中和反応について学ぶ。そして，中和反応については，酸，塩基の価数と物質量との関係について学ぶとともに，生成する塩の性質にも触れることとなっている。しかし，教科書に示されている内容について，実際の物質と対比させながら，質的・量的な視点から科学的に捉えることができているかどうかや，比較したり，関係付けたりといった科学的に探究する方法を用いて考える力が身に付いているかどうかについて課題があると考え，この授業をデザインした。

この授業では，酸・塩基の基礎的かつ基本的な知識を活用し，未知試料の性質を調べる実験数をできるだけ少なくするような実験計画を立案し，それに従って未知試料の同定に取り組むことにより，上記の課題を解決できるのではないかと考えた。

実験は，使用する試薬の量をできるだけ少なくし，複数の実験を簡便かつ短時間に行うために，マイクロスケールによるものとした。このことにより，実験結果から，未知試料を同定する試みを通して得られる知見について，互いに共有する時間を確保しやすくなった。また，同定の実験を実施する前に，酸・塩基・塩等の性質について既習事項をまとめるなどして，検討に必要な基礎的かつ基本的な知識を整理し，それらの知識と理科の見方・考え方を活用して，未知試料の性質を調べる実験数をできるだけ少なくするような実験計画を，個人及びグループでの検討を通して対話的に計画立案できるよう留意し構成した。

実践の結果等を予想するなど，生徒に「見通し」をもたせることで，実験を行う目的が明確となった。さらに目的意識をもって実験に取り組むことによって，他の試料についても同様な方法で同定することができるのではないかという見通しを持つことにつながった。探究的な学びを実現するための授業展開例として，参考になるのではないかと考えている。

（担当　佐藤　大　佐藤友介　上村礼子　飯田寛志）

第5章 酸化還元反応の利用

●この単元を学習する意義

化学反応のうち，酸化還元反応は，電子のやりとりを伴う反応である。電子のやりとりをうまく工夫して利用し，化学反応のエネルギーを電気のエネルギーに変換している装置が電池である。化学電池では，金属が溶解し，イオンになる反応を利用しており，日常生活で利用しているさまざまな電池も原理はまったく同じである。本章で電池の原理について学習すると，金属電極と電解質溶液の組み合わせは無限であることがわかってくる。

■KEYWORD：酸化還元反応，ダニエル型電池，電子のやりとり
■ここで示す探究活動：イオン化列を量的に示す探究活動

●育成すべき資質・能力

知識及び技能	酸化還元反応，ダニエル型電池，電子のやりとりを理解する力，酸化還元に関する実験技能
思考力，判断力，表現力	実験方法や手順，実験計画を立案する力 実験データと文献値を比較し，導き出した結論の妥当性を検討する力
学びに向かう力等	主体的に学習に取り組む態度

「電池」の原理の理解に向けての要素

中学校までの酸化還元の学習，電池の学習

ダニエル型の電池を用いて
イオン化傾向の差を数値で示す実験

- 酸化と還元 — 電子授受反応
- 物質
  - 酸化される / 還元される
  - 電子放出 / 電子受容
  - 酸化数増加 / 酸化数減少
  - 半反応式
  - 酸化還元反応式
- イオン化傾向の差 標準電極電位
  - ダニエル型電池 — 自発的な変化
  - 電気分解 — 非自発的な変化
  - 電気エネルギー

1 探究の過程を踏まえた学習指導の概要例

高校で学ぶ酸化・還元反応を中学校での学びを踏まえて構築し，検証計画を立案する等の資質・能力を育成する展開例である。

探究の視点		学習指導の概要	資質能力の例
課題の把握（発見）	自然事象に対する気付き	中学校で学んだダニエル型電池を応用すれば，他の金属の組み合わせでも同様に電池になるのではないか。	●整理した情報について，それらの関係性や傾向を見いだす力
	課題の設定 ※本授業では，教師が設定している	未知試料として，4種類の金属（Mg, Zn, Fe, Cu）を用意し，実験器具を用いて電位差を調べ，陽イオンへのなりやすさの順番を決定し，なぜそのように決定したかについて考察する。	●見いだした関係性や傾向から，課題を設定する力
課題の探究（追究）	検証計画の立案	グループなどで話し合うなどして電位差を効率よく調べる方法を考える。	
	観察・実験の実施	セルプレート，塩橋（ろ紙で代用），デジタルテスターまたは電圧計を用いて実験を行う。	●観察・実験を実行する力
	結果の処理	実験結果を表等にまとめ，陽イオンへのなりやすさの順番を示す。	●観察・実験の結果を計算により処理する力
課題の解決	考察・推論 表現・伝達	測定した値により，イオンへのなりやすさの順番を決定し，なぜそのように決定したのかについて考察する。	●観察・実験の結果を分析・解釈する力 ●考察・推論したことや結論を発表したり，レポートにまとめたりする力
課題の把握（発見）	新たな課題の設定	実験結果の考察と標準電極電位の資料から，イオン化列を数直線で表現する。	●見いだした関係性や傾向から，課題を設定する力
課題の解決	考察・推論 表現・伝達	標準電極電位を数直線で表したものから，イオン化列との関係を考察する。	●観察・実験の結果を分析・解釈する力

2 探究の過程を踏まえた学習展開の例
①自然現象に対する気付き，課題の設定

前回はダニエル型電池について学びました。ダニエル型電池はどんな原理の電池でしたか？

ダニエル型電池は Zn と Cu とのイオンのなりやすさの違いを利用して，電子のやり取りをうまく取り出すことを工夫したものでした。

負極には Zn を正極には Cu を使っていました。

いいですね。今日は，試料として A～D の4種類の金属を用意しています。

他の金属とそのイオンの組み合わせでもイオンのなりやすさに差があれば，電池になりますね。

なるほど。では，これらで，ダニエル型の電池をつくってみましょう。つくった後，用いる金属の組み合わせから，電池の電圧を測定することで，金属のイオン化傾向を比較してみましょう。

・授業の目的を示す。

A～D は，4種類の金属（Mg, Zn, Fe, Cu）とそのイオンを含む水溶液です。この金属と水溶液を使ってダニエル型電池をつくり，電位差を測定し，金属 A～D の陽イオンへのなりやすさの順番を決定し，なぜそのように決定したかについて考察してください。
用いる実験器具は次のとおりです。

実験器具・試薬
　　A～D の金属板，各金属の硫酸塩水溶液，紙やすり
　　セルプレート，塩橋（ろ紙で代用），デジタルテスターまたは電圧計

※本実践では，A は Zn，B は Fe，C は Mg，D は Cu としている。

②検証計画の立案，観察・実験の実施

A～D の金属とそのイオンを含む水溶液を用いてダニエル型電池をつくり，効率良く電位差を測定する実験方法を計画しよう。

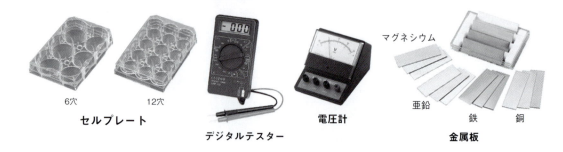

実践上のポイント

実験のまとめ方も生徒に考えさせるとよい。
金属板の大きさと硫酸塩水溶液の濃度などの条件を同一にすること。

理解が進んでいる生徒に対して

4種類の金属の具体を示さずに，すべてを未知試料として考えさせてもよい。

支援を必要としている生徒に対して

新中学校学習指導要領解説理科編における陽イオンへのなりやすさや，ダニエル型電池の電極の反応や仕組みを復習するなど，丁寧に指導することが大切である。

実践上のポイント

ニッケルを用いることも考えられるが，条件によって既知のイオン化傾向と異なる結果となる場合があることに留意する。

実践上のポイント

実際には，電流が流れない条件で行わなければならないが，ここでは行っていない。
A～Dの金属とその硫酸塩水溶液をセルプレートの同じセルに入れることに留意する。混乱しないように，金属とその硫酸塩水溶液にA～Dであることがわかるようにマジックなどで印字しておくとよい。

関連する学習内容

中学校では，イオンのなりやすさで，3種類程度の金属を扱っている。また，ダニエル型電池の製作を行っている。

お得な情報

デジタルテスターを用いると実験結果が明確になり便利である。安価な製品も発売されている。セルに直接入れることができる金属板セット（左のページの写真はケニス社製）を用いると便利である。

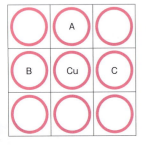

 できるだけ，短時間で金属 A〜D の陽イオンへのなりやすさの順番を決定することができる実験計画を考えてください。なお，実験を行う直前に金属板は紙やすりで良く磨いてください。

 金属の色と，硫酸塩の水溶液の色から，D は銅だよね。

 どうやって置いたらうまくいくかな。

 セルプレートの隣どうしのセルでないと塩橋が届かなかったり，混ざってしまったりしそうだね。

 確かに。D の銅を真ん中に置いて，その他の金属を周りに置ければ，スムーズに調べることができそうね。

 なるほど。いいね。それでやってみよう。

 それぞれの溶液と金属の組み合わせを間違えないように入れなければいけないね。

 それぞれ検流計の向きと電圧計の値からそれぞれの金属を決めていこう。

 よし。やろう。実験データから金属を推定してみよう。

 一つ基準を作るとそれと電圧計の数値比較ができるね。

 D が銅，一番差があったのは C。だから Mg かな。

 次に差があったのが，A。これが Zn かな。

 A と B は電位差があまり変わらないぞ。

 でも，B の方がわずかに電位差が小さいね。これが Fe だね。

 やった！決まったね。

理解が進んでいる生徒に対して

実験結果の考案について，どのように表現するか，工夫させることが考えられる。

また，温度や濃度に関係するネルンストの式を使う条件でさらなる探究活動を行うことも考えられる。

$$ネルンストの式：E = E_0 + \left(\frac{RT}{nF}\right) \log_e \frac{[\mathrm{Ox}]}{[\mathrm{Red}]}$$

E_0：標準酸化還元電位　R：気体定数　T：絶対温度　F：ファラデー定数
n：イオンが電極で授受する電子数　e：自然対数の底　$[\mathrm{Ox}]$：酸化型のイオン濃度　$[\mathrm{Red}]$：還元型のイオン濃度（固体は1とする。）

支援を必要としている生徒に対して

得られた結果を共有し，陽イオンへのなりやすさと関連付けて考察するための支援を行うことが考えられる。

電位差を測定する

③結果の処理，考察・推論，表現・伝達

実験結果をまとめて A～D の金属とそのイオンを含む水溶液を決定しよう。

（実験結果例）

	Dとの電位差(V)
A	1.1 V
B	0.8 V
C	2.7 V
D	—

（生徒の考察記述例）

> Dとの電位差の測定結果から，陽イオンへのなりやすさの順番は，C＞A＞B＞D (Cu) であると考えた。その理由は，D (Cu) との電位差の大小関係がイオン化列の順番と同じであり，銅との電位差が大きいほどイオンになりやすく，イオン化傾向が大きいからである。また，イオン化列の順番から，C (Mg) ＞ A (Zn) ＞ B (Fe) ＞ D (Cu) であると考えられる。

④新たな課題の設定

ある条件下における基準点との電位差を標準電極電位といいます。標準電極電位の大小関係がイオン化列に相当することから，標準電極電位を調べることによって，イオンへのなりやすさが推測できます。

標準電極電位の例

電極反応	電位差 (V)
$Cu^{2+} + 2e^- \rightleftarrows Cu$	0.34
$Fe^{2+} + 2e^- \rightleftarrows Fe$	− 0.45
$Zn^{2+} + 2e^- \rightleftarrows Zn$	− 0.76
$Mg^{2+} + 2e^- \rightleftarrows Mg$	− 2.38

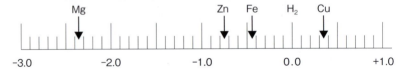
陽イオンへのなりやすさの順番についての考察と，標準電極電位から求めたイオン化列が一致するかどうか，数直線で表してみよう。

⑤考察・推論，表現・伝達

```
        Mg              Zn  Fe      H₂    Cu
        ↓               ↓   ↓       ↓     ↓
|---|---|---|---|---|---|---|---|---|---|
-3.0   -2.0       -1.0           0.0    +1.0
```

数直線で表した結果から，どのようなことに気づきますか。

数直線で表すと，陽イオンのなりやすさの順番になっている。

イオン化傾向は，等間隔になっていないのではないか。

他の元素についても調べてみよう。

他の元素の標準電極電位を調べてみてはいかがでしょうか。

実践上のポイント

判断した金属を同定するためのさらなる理由を無機化合物の学習と結びつけて考えさせてもよい。

生徒に確認する方法を考えさせてもよい。

金属や水溶液の性質や反応の定性分析等を用いて判断させる取り組みも考えられる。

支援を必要としている生徒に対して

金属樹の実験から,イオン化傾向を定性的に調べる実験を行うことが考えられる。例えば,中学校学習指導要領解説理科編では,3種類程度の金属とその金属の塩の水溶液を用いてイオンへのなりやすさを比較する実験を計画し,見通しをもって観察,実験を行うことが考えられると記載されている。

お役立ち情報

標準電極電位については,次の文献が参考となる。

D. P. Heller, C. H. Snyder 著,渡辺正訳,『教養の化学－暮らしのサイエンス－』東京化学同人（2019）.

渡辺正,北條博彦,『高校で教わりたかった化学』日本評論社（2008）.

P. Atkins, L. Laverman, L. Jones 著,渡辺正訳『アトキンス一般化学（下）』東京化学同人（2015）.

K. Timberlake, W. Timberlake 著,渡辺正,尾中篤訳,『ティンバーレイク教養の化学』東京化学同人（2013）.

日本化学会編,『高校化学の教え方』丸善（1997）.

実践上のポイント

金属だけではなく,酸化剤・還元剤の標準電極電位の試料を提示するなどして,酸化力の違いを測定する目的にして,酸化剤と還元剤をそれぞれのセルに入れて塩橋でつなぎ,測定するとともに,酸化剤や還元剤の特有の色変化などを調べることも考えられる。こうすることで酸化還元反応が電子の授受反応であることと,電池の学習を結び付けることが可能になる。

例えば,これまで学習した過マンガン酸カリウム水溶液と過酸化水素水の酸化還元反応や,過酸化水素水とヨウ化カリウム水溶液との酸化還元反応等の組み合わせが考えられる。

電極は,炭素棒（製図用の鉛筆の芯）などを用いると良い。ただし極と反応することがあるため,酸素が発生する場合は炭素棒,塩素が発生する場合は白金を用いない。

本単元のルーブリック例

	A	B	C
①酸化還元反応,ダニエル型電池,電子のやりとりについて理解できているか。	酸化還元反応,ダニエル型電池,電子のやりとりについて十分に理解できている。	酸化還元反応,ダニエル型電池,電子のやりとりについて理解できている。	酸化還元反応,ダニエル型電池,電子のやりとりについて理解できていない。
酸化還元に関する実験技能を身に付けているか。	酸化還元に関する実験技能が十分に身に付いている。	酸化還元に関する実験技能が身に付いている。	酸化還元に関する実験技能が身に付いていない。
②実験方法や手順,実験計画を立案しているか。	実験方法や手順,実験計画を的確に立案できている。	実験方法や手順,実験計画を立案できている。	実験方法や手順,実験計画を立案できていない。
実験データと文献値を比較し,導き出した結論の妥当性について検討しているか。	実験データと文献値を比較し,導き出した結論の妥当性について十分に検討できている。	実験データと文献値を比較し,導き出した結論の妥当性について検討できている。	実験データと文献値を比較し,導き出した結論の妥当性について検討できていない。
③主体的に学習に取り組んでいるか。	振り返りながら,見通しをもって,粘り強く実験に取り組もうとしている。	粘り強く実験に取り組もうとしている。	粘り強く実験に取り組もうとしていない。

※なお,ルーブリックの規準・基準は生徒の実態に応じて設定することが考えられる。

【参 考】試行実践によるルーブリック評価の結果

本章の授業計画案に基づき,試行的な実践を行った。対象:公立A高等学校1年生,化学基礎(2クラス 男子23名,女子17名を男女混合班で8班構成,研究時期:2019年5月実施)

	A	B	C
①酸化還元反応,ダニエル型電池,電子のやりとりについて理解できているか。	21 (27%)	55 (68%)	4 (5%)
酸化還元に関する実験技能を身に付けているか。	30 (38%)	48 (60%)	2 (2%)
②実験方法や手順,実験計画を立案しているか。	27 (34%)	51 (64%)	2 (3%)
実験データと文献値を比較し,導き出した結論の妥当性について検討しているか。	22 (28%)	55 (69%)	3 (4%)
③主体的に学習に取り組んでいるか。	38 (48%)	42 (53%)	0 (0%)

($N = 80$)

3 執筆者のコメント,授業の展望

電池は現代生活に欠かせないものです。その基本原理として,中学校でイオンのなりやすさとダニエル型電池を学習しているものの,他の金属で行うことや電位差の測定までは行っていません。ここでは,2種類の金属とそのイオンとのペアで起電力の差を利用した探究型の実験を行いましたが,生徒は金属の違いによりイオン化傾向の差による単純な実験を通して段階的に理解でき,他の酸化還元反応の理解にもつなげていけたようです。また,それぞれの反応を利用することで電気エネルギーを取り出す電池の仕組みを体感することができたことで,日常的に用いている化学電池への応用をイメージできたようです。さらに標準電位についての興味がわき,学習を深めていたようです。

(担当 後藤顕一)

参考文献

P. Atokins, L. Laberman, 渡辺正訳,『アトキンス一般化学(下)』東京化学同人 (2015).

COLUMN

電気化学の勘所(カンドコロ)

渡辺　正
（東京理科大学 教授）

　自然に起こる現象は，関係者がエネルギーを減らそうとして進む。ニュートンのリンゴも，落ちて位置エネルギーを減らし，安定化する。化学変化も例外ではない。

　電気化学（酸化還元）反応では，電子を最重要の関係者（要素）とみなす。その振る舞いを考えるため，上下の電位軸を思い浮かべよう。電位は必ず上方を負，下方を正にとる（図）。負電荷の電子は，機会さえあれば，相対的に負の電位から正の電位へ移りたい。その向きがニュートンのリンゴと同じになるのを確認しよう。

　次のような電極反応の組ではどうか？　こうした式を二つ並べて書くときも，標準電極電位 E^0 が相対的に負なものを上，相対的に正なものを下に置くとよい（E^0 のゼロ点をどう決めるかは，本文中に紹介された参考文献を参照）。

$$Zn^{2+} + 2e^- \rightleftarrows Zn \quad E^0 = -0.76\text{ V} \quad ①$$
$$Cu^{2+} + 2e^- \rightleftarrows Cu \quad E^0 = +0.34\text{ V} \quad ②$$

　①の電子は亜鉛 Zn 内に，②の電子は銅 Cu 内にある。孤立した Zn 中の電子は動けない。だが導線で Cu とつなげば，Zn 内の電子は導線の先に「居心地のよい正電位」を感知し，+0.34 V の環境に向け行動を起こす。

　つまり Zn は電子を出し（$Zn \longrightarrow Zn^{2+} + 2e^-$），「落ちる電子」を Cu^{2+} がもらう反応（$Zn + Cu^{2+} \longrightarrow Zn^{2+} + Cu$）が進む。起電力は E^0 の差（1.1 V）に等しい。

　自然に進まない変化（$Zn^{2+} + Cu \longrightarrow Zn + Cu^{2+}$）は，電気エネルギーをつぎこんで強引に起こす。それが電解（図中の上向き矢印）にほかならず，いまの例なら 1.1 V（E^0 差）以上の電圧を要する。

　E^0 は，熱力学理論を使い，超高級な物理量（化合物やイオンの標準生成ギブズエネルギー）から計算する（実測値ではない！）。実験の際，金属イオン M^{n+} の対イオンが Cl^- か NO_3^- かで M^{n+} の化学環境は変わり，電位もずれる。そのため，E^0 差が 0.2〜0.3 V 以内の金属どうしは，電池を組んだとき正極・負極の関係が逆転しやすい（「イオン化列」もそんな金属ペアを含む。確かめよう）。

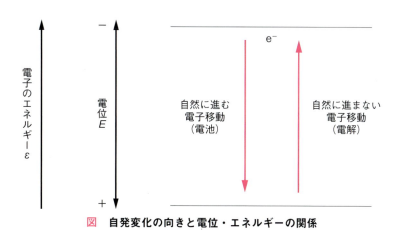

図　自発変化の向きと電位・エネルギーの関係

第6章 化学が拓く世界 —安全な水を得るためには

● この単元を学習する意義

「化学基礎」で学んだ事柄が，日常生活や社会を支えている科学技術と結び付いていることを理解できるようになること。

■KEYWORD：化学基礎で学んだ事柄，科学技術，日常生活や社会

● 育成すべき資質・能力

知識及び技能	「化学基礎」で学んだ事柄が日常生活や社会を支えている科学技術と結び付いていることを理解する力
思考力，判断力，表現力等	「化学基礎」で学んだ事柄と日常生活や社会を支えている科学技術とを関連付けて表現する力
学びに向かう力等	主体的に学習に取り組む態度

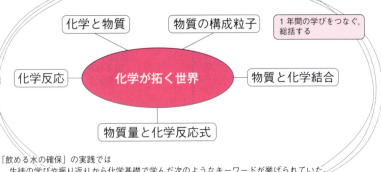

教材「飲める水の確保」を通じた「化学が拓く世界」の学びに必要な要素

1年間の学びをつなぐ，総括する

「飲める水の確保」の実践では
生徒の学びや振り返りから化学基礎で学んだ次のようなキーワードが挙げられていた。
科学技術，酸と塩基，中和，pH，安全，水の消毒，水分子の構造，蒸留，抽出，活性炭による吸着

1 探究の過程を踏まえた学習指導の概要例

この単元は，今まで「化学基礎」で学習してきた内容と科学技術との結びつきに気付かせる「化学基礎」の最後の授業である。

身近な物質として「水」を取り上げ，今までの学習との関連について想起させ，「化学基礎」で学習した内容が日常生活や社会を支えている科学技術と密接に結び付いていることに気付かせる。また，水以外の物質なども，学習したことと密接に結び付いていることに気付き，新たな問いをもつことをねらいとしている。

探究の視点		学習指導の概要	資質能力の例
課題の把握（発見）	自然事象に対する気付き	・「安全な水とは，どんな水」，「危険な水とは，どんな水」かを個人で考え，グループで協議し，クラス全体で共有する。 ・「安全な水」を得るために何が必要なのか，問題を見いだす。	●自然事象の必要な情報を抽出・整理する力
	課題の設定	・「危険な水から安全な水を得るにはどのような科学技術が必要でしょうか。」	●見いだした関係性や傾向から，課題を設定する力
課題の探究（追究）	考察・推論	・「化学基礎」で学習した知識を活用して，「どのような科学技術が必要か」を個人で考え，グループで協議し，クラス全体で共有する。	●学んだことを次の課題や日常生活に活用しようとする態度
課題の解決	表現・伝達	・「『化学基礎』の学習がどのような点で身近な生活と密接しているか」を考え，新たな問いが生じる。 ・「化学基礎」の学習を振り返り，生活と結び付いていること，有用性があることを実感する。	●考察・推論したことや結論を発表したり，レポートにまとめたりする力

2 探究の過程を踏まえた学習展開の例

①自然事象に対する気付き

安全な水とは，どんな水でしょうか？

・身近な生活を想起して，まず個人で考えて，ワークシートに記入する。

人体に無害。環境に無害。飲める水。水道水。透明できれい。

・個人の考えをグループで協議し，クラス全体で共有し，自分の考えにないものをワークシートに記入する。

危険な水とは，どんな水でしょうか？

・身近な生活を想起して，まず個人で考えて，ワークシートに記入する。

人体に有害。環境に有害。濁った水。生物が住めない。

・個人の考えをグループで協議し，クラス全体で共有し，自分の考えにないものをワークシートに記入する。

(生徒のワークシート記述例)

①安全な水とは，どんな水ですか？	
自分で挙げたもの	話し合いで挙がったもの
人体に無害　消毒されたもの　環境に無害	不純物が混ざっていない澄んだ水
みんなの発表で聞いたもの	
水道水，市販水，おいしい水	

②危険な水とは，どんな水ですか？	
自分で挙げたもの	話し合いで挙がったもの
人体に有害　環境に有害	不純物が混ざっていて，にごった水
みんなの発表で聞いたもの	
酸性雨，アマゾン川の水，有害物質を含む水，工場排水，微生物がいる水，尿，ばいきんがいる水，雨水，泥水	

理解が進んでいる生徒に対して

科学的根拠を基に,「どんな水か」を記述できるようにする。
また,自分の意見ばかりを主張せず,他者の意見を傾聴するように促すことなどが考えられる。

支援を必要としている生徒に対して

生活体験に基づいて,個人の考えをワークシートに記入するように支援する。その際,どうしても書けない生徒には,「飲める水」「飲めない水」という視点で記入するように支援する。

実践上のポイント

自分の考えをもったうえで,グループ協議や全体協議に臨むことが大切である。主体的な取り組みを促すためには,個人の考えをワークシートに記入していることが大切である。そのために,机間指導を密に行いたい。

他者の考えを傾聴する態度が重要。ワークシートに他者の考えを記入させることで,自らの考えを振り返るきっかけになる。

グループで協議する際に,各生徒に役割を与えることで,より主体的に取り組ませることも考えられる。

関連する学習内容

2015年9月の国連サミットで採択されたSDGs(持続可能な開発目標)(P.111参照)には,17の目標と169のターゲットが掲げられており,水に関しては,次の記載がある。

目標6 すべての人々に水と衛生へのアクセスと持続可能な管理を確保する

ターゲット

6.1 2030年までに,すべての人々の,安全で安価な飲料水の普遍的かつ平等なアクセスを達成する。	6.5 2030年までに,国境を越えた適切な協力を含む,あらゆるレベルでの統合的な水資源管理を実施する。
6.2 2030年までに,すべての人々の,適切かつ平等な下水施設・衛生施設へのアクセスを達成し,野外での排泄をなくす。女性および女子,ならびに脆弱な立場にある人々のニーズに特に注意を向ける。	6.6 2020年までに,山地,森林,湿地,河川,帯水層,湖沼などの水に関連する生態系の保護・回復を行う。
6.3 2030年までに,汚染の減少,有害な化学物質や物質の投棄削減と最小限の排出,未処理の下水の割合半減,およびリサイクルと安全な再利用を世界全体で大幅に増加させることにより,水質を改善する。	6.a 2030年までに,集水,海水淡水化,水の効率的利用,廃水処理,リサイクル・再利用技術など,開発途上国における水と衛生分野での活動や計画を対象とした国際協力とキャパシティ・ビルディング支援を拡大する。
6.4 2030年までに,全セクターにおいて水の利用効率を大幅に改善し,淡水の持続可能な採取および供給を確保し水不足に対処するとともに,水不足に悩む人々の数を大幅に減少させる。	6.b 水と衛生に関わる分野の管理向上への地域コミュニティの参加を支援・強化する。

②課題の設定 
危険な水から安全な水を得るためには，どのような科学技術が必要だろうか。

・「化学基礎」で学習してきたことを想起させるようにする。 
この課題を解決するために，「化学基礎」で学習してきたことを思い出してみましょう。

③考察・推論，表現・伝達
・これまで「化学基礎」で学習したことを振り返り，まず個人で考えて，ワークシートに記入する。

不純物が含まれているのでろ過をする。

炭などを使って，吸着させる。

細菌などを塩素で消毒する。

蒸留する。

・個人の考えをグループで協議し，クラス全体で共有し，自分の考えにないものをワークシートに記入する。

(生徒のワークシート記述例)
＜その危険な水を安全な水にするためには，どう改善すればいいですか？＞
例）川の水は酸性なので、中和して中性にする。

自分で挙げたもの
- 不純物が含まれているのでろ過する
- 細菌・微生物などがいるので塩素消毒する
- 炭などをつかってくさみをとる

発表で聞いたもの
- 酸性を中性にする　・蒸留する
- じょう勝する
- カルシウム
- アルコール
- オキシドール……$H_2O_2 \rightarrow O_2$　酸化剤　で消毒
- 酢
- 塩素……$HClO \rightarrow Cl^-$　還元剤

第6章 化学が拓く世界―安全な水を得るためには　109

理解が進んでいる生徒に対して
「化学基礎」で学習したことを関連付けて科学的な根拠に基づいた文章を書くように促す。

支援を必要としている生徒に対して
「川の水が酸性の場合は，中和して中性にする」など具体的な文例を示して，考えを記載できるように支援する。

水を浄化する浄水場などの資料を提示して，考えるきっかけになるようにする。

関連する学習内容
危険な水から安全な水を得ることについては，次の文献などが参考になる。

大木道則,「水の供給」『ケムコム－社会に活きる化学－』東京化学同人, 2〜89（1993）。

渡辺正,「身のまわりの水」『教養の化学－暮らしのサイエンス－』東京化学同人, 97〜102（2019）。

廣瀬千秋,「水〜安全な飲料水のもつ不思議〜」『実感する化学　上巻－地球感動編－』エヌ・ティー・エス, 270〜327（2005）。

鈴木誠, 宇井久仁子,「生命に欠かせない水」「水の浄化」『フィンランド理科教科書【化学編】』化学同人, 66〜78（2013）。

榊原定征,「世界の水問題と日本の科学技術貢献」『化学と工業』第63巻, 第2号, 117〜118（2010）。

我々の世界を変革する：持続可能な開発のための2030アジェンダ（外務省仮訳）

mofa.go.jp/mofaj/files/000101402.pdf

SUSTAINABLE DEVELOPMENT GOALS

un.org/sustainabledevelopment/sustainable-development-goals/

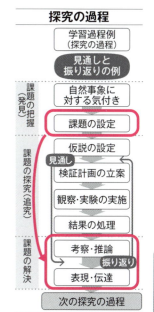

- 見いだした関係性や傾向から，課題を設定する力
- 学んだことを次の課題や日常生活や社会に活用しようとする態度
- 考察・推論したことや結論を発表したり，レポートにまとめたりする力

④新たな問い
安全な水を得るための科学技術以外で,「化学基礎」の学習内容が日常生活や社会を支えている科学技術と結び付いている例を挙げましょう。

・身近な生活と化学が密接に関係していることを想起させる。
・これまで学習した「化学基礎」を振り返り,学習した事項が密接に生活に関連していることを知る。

生徒の考え（人数36人,複数回答）
　　○プラスチックなどの素材が活用されている　　　　3人
　　○花火に炎色反応が利用されている　　　　　　　　7人
　　○「混ぜるな危険」の表示が化学反応に理由がある　2人
　　○温泉の成分やpH　　　　　　　　　　　　　　　2人
　　○電池の反応にイオン化傾向が利用されている　　　12人
　　○塩素よる消毒が酸化還元反応を利用している　　　1人
　　○洗剤の液性　　　　　　　　　　　　　　　　　　4人
　　○食品の酸化防止剤　　　　　　　　　　　　　　　6人
　　○鍋などの金属製品が金属の性質を利用している　　11人
　　○環境に化学物質が負荷をかけている　　　　　　　1人
　　○化学カイロ　　　　　　　　　　　　　　　　　　1人
　　○薬剤や医療器具の消毒　　　　　　　　　　　　　5人
　　○衣服などの繊維の性質　　　　　　　　　　　　　2人

「化学基礎」で学んだ事柄が,日常生活や社会を支えている科学技術と結び付いていることが実感できましたか。
化学の知識はさまざまな場面で私たちの生活を支えているのです。

第6章 化学が拓く世界―安全な水を得るためには　111

支援を必要としている生徒に対して

　主体的に学習に取り組むことを促すために，日常生活の一場面，例えば「入浴」「食事」などを取り上げ，その一場面に登場する物質を挙げさせることで，理解を促したい。

実践上のポイント

　生徒の考えは多様である。その考えをすべて許容することで，新たな問いを考えるきっかけとなる。

　日常生活や社会の中で，生徒自らが物質の名前を挙げ，その物質の性質を考えながら，その変化を追うことで，「化学基礎」の初めの「化学の特徴」を振り返りながら，まとめを行うことができる。

お役立ち情報

　危険な水から安全な水を得るための技術については，さまざまな日本の企業が開発に取り組んでいる。社会とのつながりの中で，これらの技術とSDGs（持続可能な開発目標）との関連についても調査し，学習を深めるための活動に取り組むことが考えられる。

SDGs（持続可能な開発目標）とは

　持続可能な開発目標（SDGs）とは，2015年9月の国連サミットで採択された「持続可能な開発のための2030アジェンダ」にて記載された2016年から2030年までの国際目標のこと。持続可能な世界を実現するための17のゴール・169のターゲットから構成され，「地球上の誰一人として取り残さない（leave no one behind）」ことを誓っている。

3 授業後の質問紙調査とその結果

①学習の振り返りに関する（1）～（5）について，数字を一つ選んでください。
（1）安全な水と危険な水について考えることは意義があったか。
　　　　意義があった　4・3・2・1　意義がなかった
（2）安全な水と危険な水について考えることは楽しかったか。
　　　　楽しかった　　4・3・2・1　楽しくなかった
（3）危険な水から安全な水を得るための科学技術について考えるときに，化学基礎の知識と結びつけることができたか。
　　　　できた　　　　4・3・2・1　できなかった
（4）危険な水から安全な水を得るための科学技術について考えることは，意義があったか。
　　　　意義があった　4・3・2・1　意義がなかった
（5）一人で考えたときと，友達と対話して考えたときを比べて，自分の考えは深まったか。
　　　　深まった　　　4・3・2・1　深まらなかった

【生徒の回答】

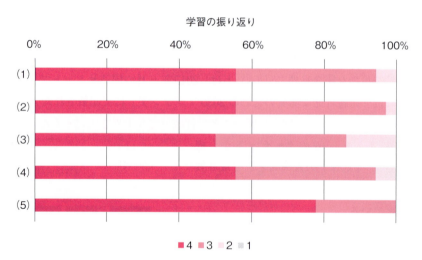

【授業者のコメント】

　質問紙調査から，それぞれ高い割合で肯定的な回答（選択肢 4，3）を得ることができ，試行授業に成果を感じることができた。特に，対話をして考えが深まったと肯定的に回答した生徒が 100％であった。対話のある学習活動は，考えを深めることに有効な手段であると考えられる。

②今日の学習について，感想や考えを自由に記述してください。

【生徒の記述（抜粋）】
- いままで学んできたことが，こんなにも身近に使われていることに驚いた。水は生活には欠かせないので，とても大切な技術だと改めて実感した。
- 危険な水について考えてみて，まわりの人の意見には，自分が考えていないものがあって有意義であった。水を消毒・殺菌する方法がたくさんあって驚いた。
- 安全な水と危険な水に分類して，そのどこが安全で，どこが危険なのかを述べたうえで，改善策を考えるという効果的な授業ができた。例えば，水の中にいる菌を死滅させるためには，沸騰や加熱だけでなく，蒸留するのも良いというのがとても興味深かった。やってみたい。安全な水を手に入れるために，さまざまな方法があるが，その汚さに見合った方法で安全な水を手に入れ，社会の人々が化学の力で安全に暮らしていけると良い。
- 普段何気なく使っている水もどのようにして私たちの元に届けられているのか巻き戻して考えることで，たくさんの化学の内容を使っているのがわかりました。また，水をきれいにする方法を学ぶのは，災害時やサバイバルの中で役立つことがわかった。
- 水について考える機会があまりなかったけど，化学の視点から見てみるといろいろな考えがでて，学んだ知識をしっかりいかせていたと思う。

【授業者のコメント】
　自由記述から，「化学基礎」で学んだ事柄が日常生活や社会を支えている科学技術と結びついていることへの気付きに関する感想が多かった。また，「化学基礎」で学んだ事柄と日常生活や社会を支えている科学技術を関連付けた感想も多数見られた。

③今年1年「化学基礎」を学習しての感想を記述してください。

【生徒の記述（抜粋）】
- 化学と聞くと，薬の混ぜ合わせなどマニアックなイメージが中学校の頃強かった。高校で化学基礎を1年間習ってみると，普段の生活で使われている知識がたくさん出てきて，わりと身近に化学があるのだと感じました。この性質を利用して，道具をつくるなどの考え方がたくさん出てきた。化学が発展するとより日常生活が便利になりそうです。

- 私は化学が発展したからこそ人類の発展があったと思う。ときに衛生環境を保ったり，ときに新たなエネルギーや物質を発見したりと，この世は化学で満ちていると思う。花火は炎色反応，化学カイロは酸化還元，炭素にいたっては鉛筆の芯からダイヤモンドまで形を変える。社会人になってもこの知識は使えるので，これからも学んだことを無駄にしないようにしたい。
- 小さいころから思っていた疑問や，小中学校で習ってきたことに対する違和感が解決されていくようで面白かった。化学基礎は生活するうえでも，活用する場面が多いと思うので学習してよかった。
- 中学校のときと比べて，ただ覚えるだけではなかったから楽しかったです。中学校のとき，ただ覚えていた内容や単語の意味や，そうなる過程が知れて「ああそうだったのか」と納得できてスッキリしました。覚えることは多かったけど，何かと関連付けて，そうなる理由がわかることで覚えやすかったし，他の教科もそのように覚えていこうと思いました。楽しかったし，もっと知りたいこともできました。
- 原子の構造を学ぶ時が楽しかったです。この雄大な地球の中で数えられないほどの原子があり，何かの原子とつながり，形を変えていくのがすごいなあと思いました。人間も70億分の1の確率で人と出会っているけど，原子も自分の相手を見つけるのに，すさまじい確率の中で出会っていると思うと「少しロマンチックだなあ」と思いました。
- 身近なことに対して視点を変えて考えてみる力が養われたと思う。例えば今まで気にしていなかった携帯電話の充電のしくみや，洗剤の酸性，アルカリ性の区別などを学んだ知識をもとに考えられるようになったと思う。そしてそういう考えができるようになったことで，物事を深く広く考えられるようになった。これは他の教科だけでなく日常生活にも生かしたいと思う。
- 今年1年間勉強してきて，今まで勉強してきたことが本当に色々な所で生かされていると分かりました。これから色々な物に疑問をもって自分から学びたいと思うようなことが増えると思うのでその時はすぐに調べるようにしたいです。
化学は私達人間にとってかかせない知識なので，これからも関心をもって学んでいきたいと思います。

【授業者のコメント】
　1年間を通じて意図的，計画的に生活との関連を強調する授業を行った。生徒は原子や粒子の振る舞い，微視的な視点などについて興味を持ち，日常や社会との関連についてさらに深く考えるようになった。

4 授業実践の振り返り

(1) ワークシートの記述における生徒の変容

①「危険な水」「安全な水」について

【生徒の記述（抜粋）】

【初めの授業】	【最後の授業】
「危険な水」 ・汚れている，においがある。 ・汚い，色がついている。 ・濁っている，強い酸性。 ・強いアルカリ性，飲めない。 ・人体に影響あり，など。 「安全な水」 ・透明，においがない。 ・ph7，飲める。 ・きれい，人体に害がない，など。	「危険な水」 ・下水道等の水，生物が住めない。 ・環境に有害な物質が含まれる。 ・人体に有害な物質が含まれる。 ・プールの水，工業廃水。 ・不純物が混じった水，など。 「安全な水」 ・消毒された水。 ・ろ過された不純物のない水。 ・環境に無害な水。 ・生物が住める水。 ・塩素濃度が適切な水，など。

【授業者のコメント】

　科学的な根拠など，自分の考えに理由を記載している記述が目立った。

②「危険な水」から「安全な水」を得るために

【初めの授業】	【最後の授業】
・蒸留。 ・ろ過。	・不純物が含まれているのでろ過をする。 ・細菌，微生物などがいるので，塩素消毒（酸化還元反応を利用）する。 ・木炭などを使ってくさみをとる。 ・中和反応を利用して，酸性の水を中性にする。 ・水を煮沸して滅菌する，など。

　初めの授業では，「ろ過」「蒸留」の2つがほとんどであり，実験操作の名称のみの記述であったが，1年間の「化学基礎」の最後の授業後には，実験操作の単語でなく，科学的な根拠を基に自分の考えを記載している記述が目立った。

本単元のルーブリック例

	A	B	C
①化学基礎で学んだ事柄が日常生活や社会を支えている科学技術と結び付いていることを理解できているか。	化学基礎で学んだ事柄が日常生活や社会を支えている科学技術と結び付いていることについて，十分に理解できている。	化学基礎で学んだ事柄が日常生活や社会を支えている科学技術と結び付いていることについて，理解できている。	化学基礎で学んだ事柄が日常生活や社会を支えている科学技術と結び付いていることについて，理解できていない。
②化学基礎で学んだ事柄と日常生活や社会を支えている科学技術を関連付けて表現できているか。	化学基礎で学んだ事柄と日常生活や社会を支えている科学技術を関連付けて適切に表現ができている。	化学基礎で学んだ事柄と日常生活や社会を支えている科学技術を関連付けて表現ができている。	化学基礎で学んだ事柄と日常生活や社会を支えている科学技術を関連付けて表現ができていない。
③主体的に学習に取り組んでいるか。	振り返りながら，見通しをもって，粘り強く学習に取り組もうとしている。	粘り強く学習に取り組もうとしている。	粘り強く学習に取り組もうとしていない。

※なお，ルーブリックの規準・基準は生徒の実態に応じて設定することが考えられる。

5 執筆者のコメント，授業の展望

　1年間，水を題材に「化学基礎」を展開してきた。授業の導入や，授業後半の振り返りや，新たな問いを生む場面で「水」の話をした。生徒は意外によく話を聞いていて，理論的な話だけでなく，生活に密接した内容に関連付けた方が，理解をより促せたという感想が多く見られた。このようなことを意識して授業を行った1年間であったが，生徒の感想を読んで本当にうれしかった。

　対話的な授業場面も意識して導入しながら，試行錯誤して実施した1年であったが，対話することで，生徒は自分の考えが整理されること，他者の考えを聞くことで自分の考えが整理されたり，自分の発想にない考えに驚いたりということを繰り返すことで，他者の考えに傾聴し，尊重するようになっていった。また，他者へ理解を促すために，科学的根拠を適切に盛り込んだ表現をするようになった。自らの授業改善を行うことで，生徒の資質・能力は変容し，期待以上の効果が得られたことを身をもって実感した。

　対話的な場面を効果的に入れるために，「どのようなテーマ」で，「どのような場面」で使うべきか，悩むことが多かった。正直，自分が意図する方向に進まず，内容が発散してしまい迷走したことも多々あった。教員が目的意識をもって，生徒に何に気付いてほしいかを考えたうえで，実践することの大切さを感じた。同じ手法でも他のクラスではうまくいかない，まさに「授業はなまもの」であり，生徒の集団，興味関心などで，加減を調整する必要があることも体験できた。

継続的にトライすることで，生徒の資質・能力は確実に変容するので，これからも失敗を恐れず挑戦していきたいと思う。自分が思っているよりも，生徒の資質・能力は授業改善で確実に育成できる。このため，これからも試行錯誤してがんばっていきたい。

（担当　神　孝幸）

教員養成大学の化学教育における相互評価

伊藤　克治
（福岡教育大学 教授）

「先生，レポートは何枚書けば良いですか？」多くの大学教員の方は，学生に一度は言われた経験があるかと思う。理学部出身の私は，以前は閉口したくなる気持ちを抑えつつ，レポートに必要な内容や構成について説明していた。しかし，彼らは近い将来に理科教員として子供たちの考察内容やレポート等を評価する立場になるので，新学習指導要領で評価が一層重要となる現在，このままではいけないと思っていた。

幸い，「学習としての評価」の研究に取り組まれている後藤顕一先生の研究チームに加えていただく機会を得た。そこで，本学の中等教育教員養成課程3年生対象の「有機化学実験」におけるレポートの相互評価活動を実践してみた。具体的には，「内容が正しい」，「適切な文章表現をしている」，「論理的に表現している」の3項目を柱として，12の小項目を設定した評価規準表をこちらで用意し，「自己評価→ペアで相互評価→再度自己評価」の流れで行った。

事後アンケートでは，1回（135分）の実践でも，すべての学生が「レポートに取り組む意欲が高まった」，「自他の評価に意味や価値を感じた」と肯定的な回答をした。そこで今年度は2回分を確保して，評価規準を学生たちと考えたあと，簡単な演示実験の考察内容の相互評価活動，その後，実験レポートの相互評価活動を行った。その結果，前回同様，意欲の向上や相互評価の意味や価値について，すべての学生が肯定的な回答をした。さらに，前回の課題であった評価の難しさについては大幅に改善できた。自由記述では，「評価が面白かった」という記述もあり，実際の評価の場面で楽しんでいる様子も見られた。なかには難しく感じた学生もいたが，逆に，自分がしっかりと勉強しておく必要があると捉えており，うれしく思った。

今後，初年次教育から導入して評価に慣れておけば，きっと質の高い卒業論文を書いてくれるものと期待している。

第四部

「化学」探究型授業の実践

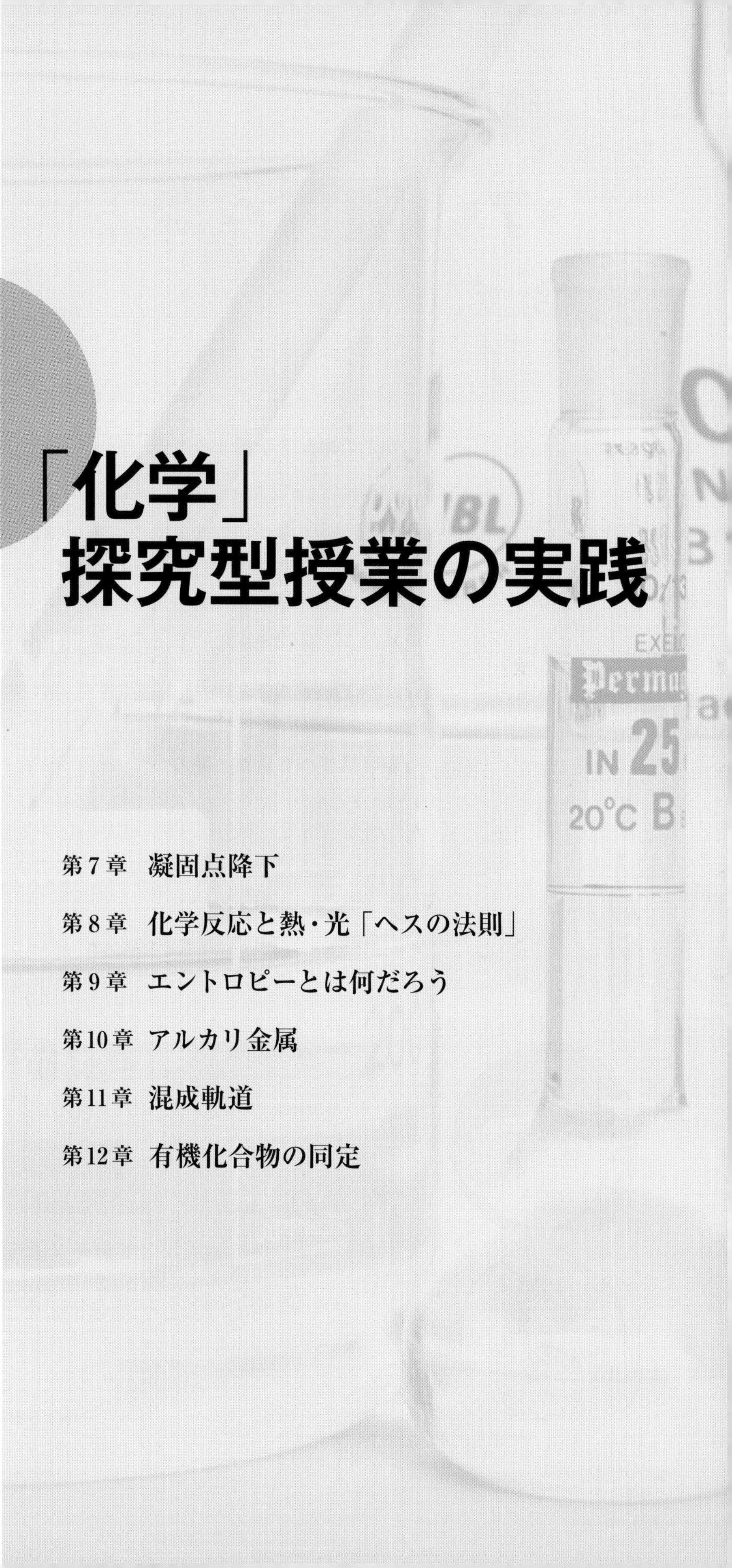

第7章　凝固点降下

第8章　化学反応と熱・光「ヘスの法則」

第9章　エントロピーとは何だろう

第10章　アルカリ金属

第11章　混成軌道

第12章　有機化合物の同定

第7章 凝固点降下

● この単元を学習する意義

過冷却の実験を通して，自然現象のダイナミックな変化を感じるとともに，自然の事物・現象への興味・関心が高まること。
溶液では溶媒に比べて凝固点が低くなり，その凝固点降下は溶媒の種類に依存し，希薄溶液の場合の凝固点は溶質粒子の濃度に比例していることについて理解できるようになること。

■KEYWORD：**過冷却，凝固点降下，溶媒，溶質，溶液，質量モル濃度**

● 育成すべき資質・能力

知識及び技能	過冷却や凝固点降下などを理解する力
思考力，判断力，表現力等	溶媒の種類や溶質の濃度と凝固点降下における規則性や関係性を見いだして表現する力
学びに向かう力等	主体的に学習に取り組む態度

1 探究の過程を踏まえた学習指導の概要例

ここでは，凝固点降下の測定により，純溶媒と溶液の凝固点の違いを比較し，そこから凝固点降下と濃度との関係，溶媒との関係を導くような展開とする。

探究の視点		学習指導の概要	資質能力の例
課題の把握（発見）	自然事象に対する気付き	・「水が凍る瞬間を見たことがありますか？」	●自然事象を観察し，必要な情報を抽出・整理する力
	課題の設定	・「水が凍る瞬間には，どのような現象が起きているのだろうか。」	●見いだした関係性や傾向から，課題を設定する力
課題の探究（追究）	観察・実験の実施	・純水と食塩水の凝固点を測定し，凝固する時の温度変化や凝固の様子を観察させる。	●観察・実験を実行する力
	結果の処理	・実験結果を表にまとめさせ，冷却曲線を作成させる。 ・冷却曲線からの凝固点の求め方，過冷却現象について説明する。 ・過冷却状態の液体に衝撃を与えると一気に凝固し，そのとき発熱することを説明する。	●観察・実験の結果を処理する力
課題の把握（発見）	自然事象に対する気付き	・日常の生活を想起しながら，凝固点降下に関するさまざまな現象に気付かせる。	●自然事象を観察し，必要な情報を抽出・整理する力
	課題の設定	・「他の溶液でも凝固点は下がるのだろうか。溶液の種類や質量モル濃度（以下「濃度」とする）と凝固点の下がり方とは関係があるのだろうか。」	●見いだした関係性や傾向から，課題を設定する力
課題の探究（追究）	仮説の設定	仮説1：水溶液中の溶質は異なるが，水溶液の濃度が同じなら，凝固点は等しくなる。 仮説2：水溶液の濃度は異なるが，水溶液中の溶質の種類が同じなら，凝固点は等しくなる。	●見通しを持ち，検証できる仮説を設定する力
	検証計画の立案	・食塩水の濃度 0.50 mol/kg，1.0 mol/kg について調べる。 ・食塩水を塩化ナトリウム水溶液とみなし，その他，非電解質としてショ糖と尿素を，電解質として硫酸ナトリウムの水溶液を調べる。	●仮説を確かめるための観察・実験の計画を立案する力 ●観察・実験の計画を評価・選択・決定する力
	観察・実験の実施	・実験プリントを配布し，各班が実験を行う溶質，濃度を指定し，実験手順を説明する。	●観察・実験を実行する力
	結果の処理	・データ処理の方法を示す。	●観察・実験の結果を処理する力
課題の解決	考察・推論 表現・伝達	・結果をまとめて，仮説が正しいかどうか，考えさせる。 ・各班で話し合いを行い，実験結果から根拠とともに溶質，濃度と凝固点降下との関係についての考えをまとめ，発表させ，全体で共有させる。	●観察・実験の結果を分析・解釈する力 ●考察・推論したことや結論を発表したり，レポートにまとめたりする力

2 探究の過程を踏まえた学習展開の例

①自然事象に対する気付き，課題の設定

希薄溶液の性質として沸点上昇について学習しました。今回は，凝固点降下という現象について学習します。ところで，水が凍る瞬間を見たことがありますか。

| 水が凍る瞬間には，どのような現象が起きるのだろうか。 |

②観察・実験の実施

・純水と食塩水の凝固点を測定し，凝固する時の温度変化や凝固の様子を観察させる。

では，純水と食塩水を冷やして温度変化を調べながら凍る瞬間を観察してみましょう。

＜実験操作＞
・寒剤（ビーカー内の砕いた氷に食塩を加えてかき混ぜたもの）
・純水と 0.50 mol/kg の食塩水を用意する。
・初めに試験管に入れた純水を寒剤につけ，10秒ごとに温度を計測する。
・純水の次に，食塩水を用いて測定する。
・表にまとめ，冷却曲線を作成する。

③結果の処理，考察・推論，表現・伝達

時間 (s)		0	30	60	90	105	120	135	150	165	180
温度 (℃)	水	30.0	28.5	13.7	10.4	7.5	4.5	3.0	2.0	0.3	-1.5
	食塩水	30.7	27.3	16.7	7.5	3.8	0.3	-1.7	-3.5	-5.0	-6.9
時間 (s)		195	210	225	240	255	270	285	300	315	330
温度 (℃)	水	-3.0	-4.5	-1.0	0.0	0.0	0.0	-0.1	-0.1	-0.1	
	食塩水	-2.2	-2.0	-1.9	-1.9	-2.0	-2.1	-2.2	-2.3	-2.4	-2.5

どのような結果になりましたか。

どちらも液体のまま0℃以下になって，凍った瞬間に温度が上昇しました。

純水は0℃で一定になったけど，食塩水は一定になりませんでした。

それではこの実験結果をグラフで示してください。
温度の経時変化，状態変化の様子をグラフで表したものを冷却曲線と言います。冷却曲線から，その物質の凝固点が推定できます。

第7章 凝固点降下

理解が進んでいる生徒に対して

凝固点降下が起きる仕組みについて，簡単に触れることも考えられる。

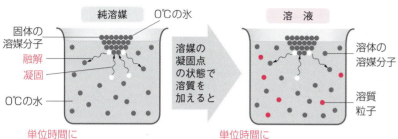

0℃では純水中の水分子と氷の水分子が同じ安定性を持っている。しかし，水溶液中の水分子は接している氷の水分子より安定なので，あえて不安定な純粋の氷にはならない（凝固しにくい）。したがって水溶液の水分子を氷にするにはもっと低い温度が必要になり，凝固点が降下する。

支援を必要としている生徒に対して

過冷却現象に注目させて関心を高め，凝固点が下がることと合わせて現象を確認させることなどが考えらえる。

実践上のポイント

最初に，水が凍る温度を0℃としたことを確認させ，その際に過冷却現象・熱（凝固熱）が発生することを確認させる。

氷に対する食塩の割合を増やすと-20℃くらいまで下げることができるが，あまり急激に下げると過冷却現象が起こりにくいので，適量にするとよい。

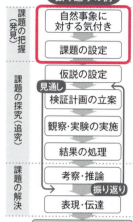

● 自然事象を観察し，必要な情報を抽出・整理する力
● 見いだした関係性や傾向から，課題を設定する力

● 観察・実験を実行する力
● 観察・実験の結果を処理する力
● 観察・実験の結果を分析・解釈する力
● 考察・推論したことや結論を発表したり，レポートにまとめたりする力

- 冷却曲線からの凝固点の求め方，過冷却現象について説明する。
- 過冷却から衝撃を与えると一気に凝固する。そのとき発熱することを説明する。

それでは，各班の実験結果により作成した冷却曲線から，純水と食塩水の凝固点を求めてみましょう。

- 純水の凝固点と比較して，食塩水の凝固点が低くなったことを確認させる。

まず，この実験では2つのことがわかりました。

- 過冷却現象が起きた。
- 水溶液は純水よりも凝固点が下がった。

④自然事象に対する気付き

- 普段の生活を想起しながら，凝固点降下に関するさまざまな現象に気付かせる。

日常生活や社会の中で，同じように凍りにくくなる現象は他にもありますか。

はい，冬の海でも凍る海と凍らない海があります。

ジュースが溶けた部分は味が濃いよね。

融雪剤もそうですよね。不凍液も。

⑤課題の設定

食塩以外でも凝固点が下がるのでしょうか。また濃度が違うと凝固点の下がり方はどうなるだろうか。考えてみましょう。

> 他の溶液でも凝固点は下がるのだろうか。溶液の種類や濃度と凝固点の下がり方とは関係があるのだろうか。

砂糖でやってみたらどうなるかしら。

食塩をもっと濃くして凝固点を調べたらどうなるのかしら。

同じ濃度でも，溶質が違うと水溶液の性質が変わるから，凝固点も異なるんじゃないかな。

理解が進んでいる生徒に対して

冷却曲線から凝固点を求める際に，なぜその温度を凝固点としたのか理由を説明させて理解を促すことなどが考えられる。

支援を必要としている生徒に対して

冷却曲線のグラフ作成の支援をする必要があると考えられる。

実験のアイデア

高校の化学実験で用いる寒剤には，次のようなものがあり，最低温度は下の表のとおりである。

混合物	温度（℃）
食塩＋氷	−21.2
ドライアイス＋エタノール	−72.0
ドライアイス＋アセトン	−86.0

実践上のポイント

中学校や化学基礎の「純物質の性質」において，純物質にはそれぞれ一定の沸点や融点を示すことを学習している。さらに「混合物の性質」で，混合物の融点・沸点は混じっている物質やその割合によって変化することを学習している。

溶液とは混合物であることを確認しながら，混合する割合が変わると性質がどうなるのかを考えさせるとよい。

また，ここでは，日常生活における凝固点降下を話題にすることで，生徒の学習意欲を高めることにつながる。

実践上のポイント

生徒が凝固点降下や溶液の種類，濃度との関係性について疑問や気付きを促し，自ら課題を設定するような支援をすることが大切である。

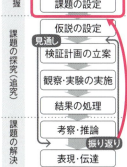

- 自然事象を観察し，必要な情報を抽出・整理する力
- 見いだした関係性や傾向から，課題を設定する力

同じ濃度なら，溶質が違っても水溶液中の粒子の数が同じだから，凝固点は同じじゃないかしら。

同じ溶質でも，濃度が違うと凝固点も違ってくるのではないか。

同じ溶質なので，濃度が違っても凝固点は同じじゃないかしら。

⑥仮説の設定
水溶液中の溶質の種類，水溶液の濃度と凝固点との関係についての仮説を立てましょう。

仮説1：水溶液中の溶質は異なるが，水溶液の濃度が同じなら，凝固点は等しくなる。

仮説2：水溶液の濃度は異なるが，水溶液中の溶質の種類が同じなら，凝固点は等しくなる。

⑦検証計画の立案
どのような実験をすれば，これらの仮説を確かめることができるか，実験を計画してみよう。
・食塩水の濃度として 0.50 mol/kg，1.0 mol/kg の2種類とする。
・食塩水を塩化ナトリウム水溶液とみなし，その他，溶質をショ糖，尿素（非電解質），硫酸ナトリウム（電解質）に変えて調べる。

⑧観察・実験の実施
それでは，次の手順で仮説を確かめるための実験を行いましょう。
・実験プリントを配布し，各班に実験を行う溶質，濃度を指定し，次の実験手順を説明する。
（1） 溶液入りの容器に温度計を入れて，10秒ごとに温度を計測し，記録する。
（2） まず-2℃以下，つまり過冷却になっても凝固しない状態とする。-2℃以下になったら，衝撃を与えて凝固させる。この間も温度計測は継続し，凝固する瞬間の温度変化に注目する。
（3） 再び温度が下がり始めてから，さらに2分間程度温度計測した時点で終了とする。

⑨結果の処理
・データ処理の方法を示す。
（1）水溶液冷却時の温度の経時変化を表にまとめる。

第 7 章　凝固点降下　127

理解が進んでいる生徒に対して

　仮説の設定の際に，その仮説を確かめるための実験方法について，合わせて発案させることなどが考えらえる。

支援を必要としている生徒に対して

　仮説の設定に支援が必要な場合は，溶質の種類，溶液の濃度など，変えない条件と変える条件を示して学習を促すことなどが考えらえる。

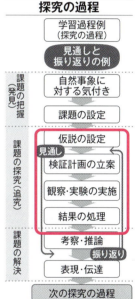

探究の過程

学習過程例
（探究の過程）

見通しと振り返りの例

課題の把握（発見）
　・自然事象に対する気付き
　・課題の設定

課題の探究（追究）
　見通し
　・仮説の設定
　・検証計画の立案
　・観察・実験の実施
　・結果の処理

課題の解決
　・考察・推論
　振り返り
　・表現・伝達

次の探究の過程

● 仮説を確かめるための観察・実験の計画を立案する力
● 観察・実験の計画を評価・選択・決定する力
● 観察・実験を実行する力
● 観察・実験の結果を処理する力

四部　化学　7章　凝固点降下

実践上のポイント

　実験は，仮説を確かめるために行うことを明確に示して，目的意識をもたせることが大切である。

(2) 得られた温度の経時変化の結果から冷却曲線を作成し，凝固点を求める。

例：0.50 mol/kg　ショ糖水溶液

時間(s)	0	10	20	30	40	50	60	70	80	90
温度(℃)	5.3	4.8	4.3	3.9	3.5	3.1	2.8	2.4	2	1.7
時間(s)	100	110	120	130	140	150	160	170	180	190
温度(℃)	1.3	1	0.7	0.5	0.3	0	-0.2	-0.4	-0.7	-0.9
時間(s)	200	210	220	230	240	250	260	270	280	290
温度(℃)	-1.1	-1.3	-1.5	-1.6	-1.8	-1.9	-2	-2.1	-2.3	-2.4
時間(s)	300	310	320	330	340	350	360	370	380	390
温度(℃)	-2.5	-2.7	-2.8	-2.9	-3	-3.1	-3.2	-3.3	-3.4	-3.5
時間(s)	400	410	420	430	440	450	460	470	480	490
温度(℃)	-3.6	-3.6	-3.7	-3.7	-3.8	-3.9	-2.1	-1.2	-1.1	-1
時間(s)	500	510	520	530	540	550	560	570	580	590
温度(℃)	-0.9	-0.9	-0.8	-0.8	-0.8	-0.8	-0.8	-0.8	-0.8	-0.8

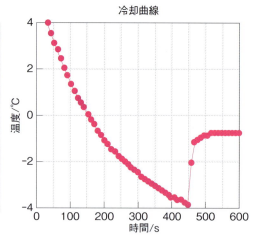

冷却曲線

(3) 他の溶質，濃度の凝固点を(1)，(2)により求め，溶質，濃度に対する凝固点の結果を次の表にまとめる。

	ショ糖	尿素	塩化ナトリウム	硫酸ナトリウム
0.50 mol/kg	-0.8℃	-0.9℃	-2.1℃	-2.9℃
1.0 mol/kg	-2.0℃	-1.9℃	-3.9℃	-5.9℃

⑩ 考察・推論，表現・伝達

結果をまとめて，仮説が正しいかどうか，話し合って説明してください。

【生徒の話し合い例】

表の横方向で比較すると，同じ濃度で，溶質が異なる場合の結果を見ると，ショ糖と尿素は凝固点がほぼ等しいけれど，塩化ナトリウムは約2倍，硫酸ナトリウムは約3倍となっているね。

他の濃度でも，この傾向がみられるわ。

表の縦方向で比較すると，同じ溶質では，濃度が大きくなると，凝固点はより低くなる傾向があるのね。

濃度が0.50 mol/kgの凝固点降下と比較して，濃度が1.0 mol/kgの凝固点降下は約2倍となっているね。

実践上のポイント

班ごとに実験を行う際に，複数の実験を1つの班で行う場合は，時間の計測，温度の測定，凝固の確認など，役割分担がされているか確認することが重要となる。特に，凝固の確認については，重要度を強調することが目的意識をもって実験に取り組む上で大切になる。

実践上のポイント

電解質水溶液の濃度が大きくなると，希薄溶液からのずれが大きくなることに留意する必要がある。

理解が進んでいる生徒に対して

仮説の正しさについて確認して，表現させる際に，実験結果とそこから導く結論を分けて考えて，表現させることが大切である。

支援を必要としている生徒に対して

仮説の正しさについて，どこに注目して判断するのかを支援することなどが考えられる。

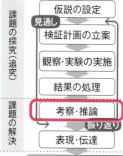

- 考察・推論したことや結論を発表したり，レポートにまとめたりする力
- 観察・実験の結果を分析・解釈する力

> 仮説1：水溶液中の溶質の種類は異なるが，水溶液の濃度が同じなら，凝固点は等しくなる。

 同じ濃度の水溶液では，ショ糖と尿素の凝固点はほぼ等しかったけれど，塩化ナトリウムや硫酸ナトリウムは等しくなかったことから，仮説1は必ずしも正しいとは言えない。

> 仮説2：水溶液の濃度は異なるが，水溶液中の溶質の種類が同じなら，凝固点は等しくなる。

 同じ溶質の水溶液では，濃度が大きくなると凝固点はより低くなったので，仮説2も正しいとは言えない。

 それでは，実験結果から，溶質，濃度と凝固点降下にはどのような関係があるのか，話し合ってまとめ，発表してください。

・各班で話し合いを行い，実験結果から根拠とともに溶質，濃度と凝固点降下との関係についての考えをまとめ，発表させ，全体で共有させる。

【生徒の発表例】

 ショ糖と尿素については，同じ質量モル濃度であれば異なる濃度の場合であっても，凝固点はほぼ等しかったです。一方，塩化ナトリウムと硫酸ナトリウムは，同じ質量モル濃度でも凝固点が異なっていました。ショ糖と尿素は非電解質，塩化ナトリウムと硫酸ナトリウムは電解質です。これらのことから，非電解質では異なる溶質であっても同じ質量モル濃度の凝固点はほぼ等しくなると考えられます。

 同じ質量モル濃度 0.50 mol/kg で，ショ糖，尿素の凝固点降下と比較すると，塩化ナトリウムは約2倍，硫酸ナトリウムは約3倍の凝固点降下でした。同じ濃度の非電解質であるショ糖，尿素の水溶液中の分子の数は等しく，それと比較して，塩化ナトリウムについてはナトリウムイオンと塩化物イオンの数の合計は約2倍，硫酸ナトリウムについてはナトリウムイオンと硫酸イオンの合計が約3倍です。これらのことから，凝固点降下は水溶液中の溶質分子またはイオンの粒子数に比例すると考えられます。

 同じ溶質で，濃度 0.50 mol/kg と 1.0 mol/kg の凝固点降下を比較すると約2倍でした。このことから，水溶液中の分子やイオンの粒子数は凝固点降下と比例関係にあると考えられます。その理由は，同じ溶質では，濃度 0.50 mol/kg と 1.0 mol/kg の水溶液中の溶質の分子またはイオンの数が2倍になるからです。

第7章 凝固点降下 131

理解が進んでいる生徒に対して
　溶質，濃度と凝固点降下との関係について表現させる際にも，実験結果から導く結論が根拠を伴っているのか，確認しながら表現させることなどが考えられる。

支援を必要としている生徒に対して
　溶質の種類，溶液の濃度のどれに注目するのか明示した上で，実験結果とこれまでに学習した知識からどのような結論が導かれるのか，段階を踏んで表現させることなどが考えられる。

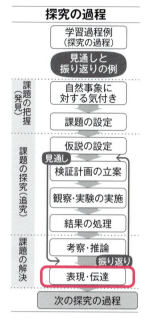

実践上のポイント
　論理的な表現力を育成するために，記述に必要な要素として，実験結果，実験結果から導く結論，結論を導く際の根拠，これらの違いを明確に示して指導することが大切である。

実践上のポイント
　高大接続を考慮すると，ここでは，凝固点降下・沸点上昇，浸透圧が「溶媒が2相間を移動する速度の違い」で起こるというイメージを最終的にはつかませたい。その際，ラウールの法則「溶液の蒸気圧は，溶液中の溶媒のモル分率に比例する」に触れることも考えられる。また，純溶媒と溶液の相図（状態図）を描いて，一連のまとめに用いることも考えられる。

・溶質の種類，濃度と凝固点降下との関係について解説し，授業のまとめとする。

希薄溶液の凝固点降下は，溶質の種類に無関係で，一定質量の溶媒に溶けている溶質粒子の物質量に比例することがわかっています。

ショ糖と尿素は非電解質であることから，同じ濃度には同じ分子数の溶質が溶けていることになるため，同じ凝固点降下となるのです。

同じ濃度のショ糖，尿素と比較して，塩化ナトリウム，硫酸ナトリウムがそれぞれ約2倍，約3倍の凝固点降下となるのは，水溶液に溶けているイオンの数がショ糖，尿素の分子の数の約2倍，約3倍となっているためです。

また，同じ溶質で質量モル濃度が約2倍となれば，溶けている分子やイオンの数も約2倍となることから，凝固点降下も約2倍となるのです。

この授業で扱った，凝固点降下のほか，沸点上昇，蒸気圧降下なども同様に説明することができます。これらの現象を統一的に説明することに挑戦してみてはいかがでしょうか。

本単元のルーブリック例

	A	B	C
①過冷却や凝固点降下などを理解できているか。	過冷却や凝固点降下などを十分に理解できている。	過冷却や凝固点降下などを理解できている。	過冷却や凝固点降下などを理解できていない。
②溶媒の種類や溶質の濃度と凝固点降下における規則性や関係性を表現できているか。	溶媒の種類や溶質の濃度と凝固点降下における規則性や関係性を適切に表現できている。	溶媒の種類や溶質の濃度と凝固点降下における規則性や関係性を表現できている。	溶媒の種類や溶質の濃度と凝固点降下における規則性や関係性を表現できていない。
③主体的に学習に取り組んでいるか。	振り返りながら，見通しをもって，粘り強く実験に取り組もうとしている。	粘り強く実験に取り組もうとしている。	粘り強く実験に取り組もうとしていない。

※なお，ルーブリックの規準・基準は生徒の実態に応じて設定することが大切である。

3 執筆者のコメント，授業の展望

　過冷却実験と凝固点降下の実験は，いつも同じ実験時間の中で行ってきました。

　過冷却実験は，現象がダイナミックであり，生徒は，結晶の成長，温度の上昇に，驚きを感じながら大変興味・関心を持って取り組んでいました。「化学」の授業における年間の振り返りアンケートでも一番印象に残った実験にこの実験を挙げる生徒が多くいます。

　しかし，一方で，凝固点測定の実験において，粒子の概念を活用して，濃度と粒子数との関係や規則性を見いだして理解することについては，生

徒の定着には課題があるとこれまでも感じていました。例えば，同じ濃度の塩化ナトリウムとショ糖の実験では，学習がすでに終わっているにもかかわらず，粒子数に注目することができず，同じ凝固点降下であると予想する生徒が多く，うまく理解が進んでいないことが明らかでした。

今までは，教科書などで一通り学習し終えた後に，確認的な実験として行ってきましたが，今回は，生徒の気付きを大切にして，探究の過程を踏まえて授業を再構成して行ってみました。すると，生徒は，探究的に学ぶことで，さまざまな気付きの中から粒子数にも着目するようになり，理解力が向上する結果となりました。

また，探究的な実験を導入することで，さらなる興味や関心を引き出すことにもつながり，生徒からは「他の溶液でどうなるか実験してみたい」「別の物質で濃度の違いによって凝固点がどのくらい違うのか調べてみたい」「実験をしてみて，凝固点が溶質の粒子数と関係していることに興味を持った」「他の電解質，非電解質でも実験して，溶質の粒子数にどの程度比例するのか追究してみたい」といった感想を得ることができました。

同じ内容を扱うことでも「確かめてみよう」から「探究してみよう」とすることで，大きく生徒のやる気が変わると実感しました。

（担当　北川輝洋　飯田寛志）

COLUMN

学習指導要領改訂における探究の重要性

清原　洋一
（秀明大学 教授・前文部科学省初等中等教育局主任視学官）

今回の理科の学習指導要領改訂において最も重要な議論は，資質・能力を育成する学びの過程についての考え方についてである。答申においても，課題の把握（発見），課題の探究（追究），課題の解決という探究の過程を通じた学習活動を行い，それぞれの過程において，資質・能力が育成されるよう指導の改善を図ることが必要と示されている。

また，新高等学校学習指導要領全体を見ても，「探究」と示した科目等が増えたことが大きな特徴である。新設の教科「理数」における「理数探究」「理数探究基礎」をはじめ，「古典探究」「地理探究」「日本史探究」「世界史探究」，そして「総合的な学習の時間」も「総合的な探究の時間」となっている。それだけでなく，いずれの教科・科目においても「探究」を重視している。各教科・科目等で探究の過程を通じた授業が展開されることにより，学問的な奥深さを感じたり，物事を深く考えるようになったり，さらに追究したい疑問が明確になったりするであろう。そして，各教科・科目で生じた疑問を，「理数探究」や「総合的な探究の時間」でとことん追究するという展開も期待されよう。

これからの変化の激しい時代を生き抜く力を育成するためにも，「探究」は重要な鍵を握っているのである。

第8章 化学反応と熱・光「ヘスの法則」

●この単元を学習する意義

ヘスの法則について，物質が変化する際の反応熱の総和は，変化する前と変化した後の物質の状態だけで決まり，変化の経路や方法には関係しないという原理を活用し，探究活動を通じて理解を深めること。

■KEYWORD：エンタルピー，熱の収支，ヘスの法則

●育成すべき資質・能力

知識及び技能	エンタルピー，熱の収支，ヘスの法則を理解する力，反応熱の測定に関する実験技能
思考力，判断力，表現力等	反応熱の測定に関する実験を計画し，結果を予想する力 規則性や関係性を見いだして表現する力
学びに向かう力等	主体的に学習に取り組む態度

ヘスの法則の有用性を実感し理解するための要素

中学校までのエネルギーの学習

エンタルピー変化 — 燃焼熱／融解熱／蒸発熱／中和熱／溶解熱／生成熱

エントロピー変化

結合エネルギー

保存概念

ヘスの法則 — 温度／比熱

自然現象の気付き
ヘスの法則への気付きへの導入
実際に測定できないものも測定
することができる…1時間目

ヘスの法則の計測，処理
…2時間目，3時間目

1 探究の過程を踏まえた学習指導の概要例

エネルギー図を描くことによって「ヘスの法則」を活用し，Mg の燃焼熱を推定するための実験計画の立案に重きを置いた展開とする。

	探究の視点	学習指導の概要	資質能力の例
課題の把握（発見）	自然事象に対する気付き	・「カロリー」とは何か？	●自然事象を観察し，必要な情報を抽出・整理する力
	課題の設定	・「ピーナッツのカロリー（熱量）を実験から求め，商品パッケージに表記されている値と比較しよう。」	●見いだした関係性や傾向から，課題を設定する力
課題の探究（追究）	観察・実験の実施	・ピーナッツを燃焼させ，その熱による水の温度を測定する。	●観察・実験を実行する力
	結果の処理	・加熱前後の水の温度変化，水の質量，比熱から，ピーナッツの熱量を算出する。 ・商品パッケージに記載されている 100 g あたりのカロリー（熱量）と実験値を比較する。	●観察・実験の結果を処理する力
課題の解決	考察・推論 表現・伝達	・「ピーナッツの燃焼による熱量測定では，なぜ商品パッケージに表記されている値より測定値の方が小さくなるのだろうか？」	●観察・実験の結果を分析・解釈する力 ●考察・推論したことや結論を発表したり，レポートにまとめたりする力
課題の把握（発見）	自然事象に対する気付き	・「どんなに工夫しても，この方法でピーナッツの正確なカロリーを求めることは難しいのではないか？」	●必要な情報を抽出・整理する力
	課題の設定	・「ピーナッツの燃焼による熱量測定のように，直接測定が困難な反応エンタルピーを求める方法はないか？反応エンタルピーに関する法則で活用できるものはないか？」 ・「ヘスの法則を活用すれば，物質を燃焼させなくても，燃焼エンタルピーを求めることができるのではないか？」	●見いだした関係性や傾向から，課題を設定する力
課題の探究（追究）	（実験計画の立案）	・Mg と塩酸の反応エンタルピー，MgO と塩酸の反応エンタルピーから，ヘスの法則を活用して Mg の燃焼エンタルピーを算出するための方法を計画する。	●観察・実験の計画を評価・選択・決定する力
	観察・実験の実施	・Mg と塩酸の反応および MgO と塩酸の反応による，水溶液の温度上昇を測定する。	●観察・実験を実行する力
	結果の処理	・作成したエネルギー図をもとに，それぞれの反応のエンタルピー変化を算出する。 ・ヘスの法則を活用して，Mg の燃焼エンタルピーを算出する。	●観察・実験の結果を処理する力
課題の解決	考察・推論 表現・伝達	・考察例 「ヘスの法則を活用して求めた Mg の燃焼エンタルピーは，5.9×10^2 kJ/mol であり，理論値の 6.0×10^2 kJ/mol に近い値となった。」 ・エネルギー図を作成することによって，Mg の燃焼熱が推定できることを確かめ，ヘスの法則の有用性を実感させる。	●観察・実験の結果を分析・解釈する力 ●考察・推論したことや結論を発表したり，レポートにまとめたりする力

2 探究の過程を踏まえた学習展開の例
①自然事象に対する気付き，課題の設定

食物の「カロリー」って聞いたことがありますか？

カロリーが高いものを食べると太るんでしょ。

その分運動して，消費すればいいんだよ。

体内で燃焼させるんだよね？燃やすの？

食物のカロリーとは，生物の活動に伴って吸収消費される熱量（エネルギー）のことで，摂取する食物から得られる栄養学的熱量や，運動や代謝によって消費されるエネルギーのことです。食物を燃やして得られる熱量であると言えます。
食物のカロリーは，商品パッケージやラベルに表示されているものがあります。
ところで，ピーナッツを食べたことがありますか？このピーナッツのカロリーは，100 g あたり 640 kcal と商品パッケージに表示されています。

ピーナッツのカロリー（熱量）を実験から求め，商品パッケージに表示されている値と比較しよう。

②観察・実験の実施　結果の処理

- 実験手順のプリントを配布する。
- （バター）ピーナッツの質量を測定し，画びょうに刺す。
- 水道水 100 g（100 mL）をビーカーに量り取り，水温を測定する。
- ガスバーナーを用い，約 20 秒間豆をあぶる。豆全体を炎で包むようにする。
- 豆に火がついたことを確認したら，その上に三脚を置き，ビーカーを三脚に乗せて，水を温め始めるとともに豆が燃える様子を観察する。火が消えてしまったら，再びガスバーナーであぶって点火する。豆に火がつかなくなるまで続ける。
- 水温の上昇が止まったときの温度を記録する。豆の炎が消えてもしばらくは水温が上昇し続けることがあるのでしばらく待つ。

ピーナッツへの点火

支援を必要としている生徒に対して

食べ物に関する写真や映像などを準備して，カロリーに対するイメージを持たせることなどが考えられる。

実践上のポイント

日常生活でのカロリーに対する意識を話題にすることで，生徒の学習意欲を高めることにつなげる。なお，熱量の単位は国際単位系（SI）のJ（ジュール）を用いるが，日本食品標準成分表における食品のエネルギーの単位はkJ（キロジュール）とkcal（キロカロリー）の両方が記載されている。

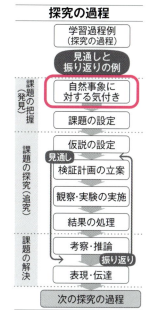

理解が進んでいる生徒に対して

手順の中の実験器具の使い方や，実験操作上の注意点などについて，グループでの対話を通して考えさせることなどが考えられる。

支援を必要としている生徒に対して

主体的に学習に取り組むことを促すために，単に，実験プリントや板書の実験手順に沿って実験を実施するのではなく，与えられた実験手順であっても何のためにそうするのか複数で確認させ，実験前に手順に関する疑問点を解消させ，さらに実験を実施するための役割分担まで話し合わせることなどが考えられる。

・実験前に，結果の処理方法について確認する。

実験結果は，以下の表にまとめて整理してください。

ピーナッツの質量			水の温度			1gあたりのカロリー（×10³ cal）	100gあたりのカロリー（×10² kcal）
燃焼前の質量（g）	燃焼後の質量（g）	燃焼前後の質量変化（g）	燃焼前の温度（℃）	燃焼後の温度（℃）	燃焼前後の温度変化（℃）		
○	△	○−△	●	▲	▲−●	◎	◎

カロリー算出例

（ピーナッツの質量変化 0.64 g，水の温度変化 25.3℃の場合）

$$\text{ピーナッツ1gあたりのカロリー（熱量）} = \frac{\text{水の質量(g)} \times \text{水の温度変化(℃)}}{\text{燃焼したピーナッツの質量(g)}}$$

$$= \frac{100\,g \times 25.3℃}{0.64\,g}$$

$$= 4.0 \times 10^3\,cal = 4.0\,kcal$$

ピーナッツ 100 gあたりのカロリー（熱量）= 4.0×10^2 kcal

・実験終了後，クラス内で実験結果を共有し，班の実験結果を黒板上の表に書き込むように伝達指示をする。

③考察・推論，表現・伝達

・パッケージに表示されている値より小さい値しか算出されないことを確認する。

ピーナッツの燃焼による熱量測定では，なぜ商品パッケージに表示されている値より測定値の方が小さくなるのでしょうか？

熱が逃げているから。逃げた熱量を測ることはできないのかな？

燃えているときの炎が，ビーカーだけにあたっているわけではないね。まわりの空気やビーカーそのものの温度を上昇させている部分があるし。

④自然事象に対する気付き，課題の設定

どんなに工夫しても，この方法でピーナッツのカロリーを正確に求めるのは難しいのではないか？

ピーナッツの正確なカロリーを求めることは困難なようですね。

ピーナッツの燃焼による熱量測定のように，直接測定が困難な反応エンタルピーを求める方法はないのだろうか？ 反応エンタルピーに関する法則で活用できるものはないのだろうか？

(生徒による実験結果の例)

班	ピーナッツの質量 (g)			水温 (℃)			1 g あたりのカロリー (×10^3 cal)	100 g あたりのカロリー (×10^2 kcal)
	燃焼前の質量 (g)	燃焼後の質量 (g)	燃焼前後の質量変化 (g)	燃焼前の温度 (℃)	燃焼後の温度 (℃)	燃焼前後の温度変化 (℃)		
1	1.02	0.10	0.92	20.1	31.0	10.9	1.2	1.2
2	1.17	0.11	1.06	22.0	39.2	17.2	1.6	1.6
3	0.54	0.05	0.49	20.1	30.5	10.4	2.1	2.1
4	0.84	0.09	0.75	17.0	23.0	6.0	0.8	0.8
5	1.07	0.16	0.91	30.9	40.8	9.9	1.1	1.1
6	0.85	0.09	0.76	20.5	32.1	11.6	1.5	1.5
7	0.67	0.45	0.22	17.5	25.5	8.0	3.6	3.6
8	1.08	0.16	0.92	20.6	44.9	24.3	2.6	2.6
9	0.90	0.09	0.81	39.3	56.6	17.3	2.1	2.1

理解が進んでいる生徒に対して

パッケージに表示されている値から、仮にピーナッツ1粒（約1g）を燃焼させたときに100gの水の温度がどのくらい上昇するかを算出させることが考えられる。

また、本実験の有効数字や実験上の誤差について、検討させることが考えられる。あるいは、データの再現性について議論させることも考えられる。

支援を必要としている生徒に対して

教師実験としてピーナッツの燃焼を見せ、燃焼による熱の発生が温度変化に結びつくように支援することが考えられる。

また、カロリー（cal）とキロカロリー（kcal）の変換について、丁寧に解説することも考えられる。

実践上のポイント

データにばらつきがでることが予想される場合は、実験を繰り返したり、他の班のデータを共有したりするなど、測定数が増えるような工夫を行う。

また、見通しを持って実験結果の処理に取り組むために、実験結果例を示して、実験前に結果の処理の意味や理由などを確認することも考えられる。

実践上のポイント

定圧下において、反応系が発熱して外部に熱を出すとエンタルピーは減少し、吸熱して外部より熱を受け取るとエンタルピーが増加することを十分に理解させる必要がある。

ヘスの法則って学習したよね。この法則が活用できないかな？

ヘスの法則を活用すると，既知の反応エンタルピーから未知の反応エンタルピーを求めることができると学習したね。

> ヘスの法則を活用すれば，物質を燃焼させなくても，燃焼エンタルピーを求めることができるのではないか？

それでは，ピーナッツの代わりに Mg を燃焼させたときの燃焼エンタルピーを求める方法について考えてみよう。

Mg も空気中で激しく燃焼する反応だったね。その熱で水を温めることから，Mg の燃焼エンタルピーを求めることは難しそうだ。

ヘスの法則を活用して，Mg の燃焼エンタルピーを求めることができるだろうか？

⑤検証計画の立案

Mg が MgO に変化する反応を含んでいて，反応前後の状態が同じで異なる反応経路が 2 つあれば，ヘスの法則を活用して Mg の燃焼エンタルピーを求められることになるな。

Mg と MgO が反応する共通の試薬って何だろう？

塩酸と反応させれば，Mg も MgO も塩化マグネシウムになるね。

Mg，MgO，$MgCl_2$ の反応経路と反応エンタルピーの関係をエネルギー図で表してみよう。

ただし，水（液体）の生成エンタルピーは 286 kJ/mol とします。
（エネルギー図の作成例）

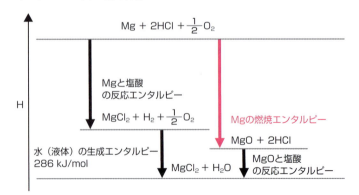

第8章 化学反応と熱・光「ヘスの法則」 141

実践上のポイント

直接測定する実験の限界を考えさせながら、ヘスの法則の活用に気付くように思考を促すことが大切である。

理解が進んでいる生徒に対して

自ら作成したエネルギー図から、実験を計画させることが大切である。ヘスの法則の有用性を感じさせ、主体的に学習に取り組む態度を育成することが重要である。

(生徒によるエネルギー図の記述例)

支援を必要としている生徒に対して

エネルギー図の概要を示し、一部記入されていない穴埋め形式にするなどして、ヒントを示しながら作成させることが考えられる。

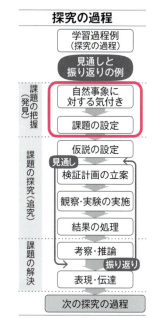

●必要な情報を抽出・整理する力
●見いだした関係性や傾向から、課題を設定する力

●観察・実験の計画を評価・選択・決定する力

Mgと塩酸の反応エンタルピー，MgOと塩酸の反応エンタルピー，水（液体）の生成エンタルピーから，ヘスの法則を活用してMgの燃焼熱が算出できる。

Mgと塩酸の反応エンタルピー，MgOと塩酸の反応エンタルピーを求めるための実験を計画しよう。

（生徒の実験計画例）

- 1 mol/L 塩酸 100 g（約 100 mL）をサーモカップに入れ，温度を測定する。
- Mg 0.48 g（0.020 mol），MgO 0.80 g（0.020 mol）を別々に塩酸に加えてふたをし，完全に反応させる。
- 反応後，サーモカップ内の水溶液の温度を測定する。

⑥観察・実験の実施，結果の処理

実験を行い，実験結果からMgの燃焼エンタルピーを計算してみよう。
ただし，水溶液の比熱は 4.2 J/g·℃ とする。

熱量算出例

$$1\ \text{mol あたりの熱量} = \frac{\text{水溶液の質量(g)} \times \text{水溶液の比熱(J/g·℃)} \times \text{温度変化(℃)}}{0.020\ \text{mol}}$$

（実験結果例）

マグネシウムと塩酸				酸化マグネシウムと塩酸			
反応前の温度（℃）	反応後の温度（℃）	反応前後の温度変化（℃）	1 mol あたりの熱量（×10^2 kJ）	反応前の温度（℃）	反応後の温度（℃）	反応前後の温度変化（℃）	1 mol あたりの熱量（×10^2 kJ）
18.2	37.9	19.7	4.1	18.0	23.4	5.4	1.1

⑦考察・推論，表現・伝達

Mgの燃焼エンタルピー
 = 4.1×10^2 kJ/mol + 286 kJ/mol − 1.1×10^2 kJ/mol
 = 5.9×10^2 kJ/mol

Mgの燃焼エンタルピーの理論値は 6.0×10^2 kJ/mol です。ヘスの法則を活用して，実験結果からMgの燃焼エンタルピーに近い値を求めることができましたね。

でも，理論値より小さめの値になったのは，保温性のカップを使用しても少しは熱が逃げるから？

使用した温度計の構成が十分でなかった可能性もあるよ。
水の比熱だけでなく，温度計などその他の比熱も考慮しなければならないのかしら。

工夫の必要はありそうだね。ヘスの法則を活用することによって，測定が困難な反応エンタルピーを求めることができると実感できましたか。

実践上のポイント

実験計画に取り組ませる際，温度計で測定可能な温度変化の範囲とするには，使用する試薬の量をどのくらいにすればよいかなど，具体的な見通しを持たせて検討させることが大切である。

実践上のポイント

反転学習の要素を取り入れ，実験計画まで授業で扱った後に，次の授業までの間，実験の結果を根拠とともに予想する活動に取り組ませることが考えられる。そして，次の時間の冒頭で，実験結果の予想についてグループで議論させた上で，実験に取り組ませることなども考えられる。

理解が進んでいる生徒に対して

温度変化をより正確に算出するために，温度変化をグラフ化し，外挿することによって，最高温度の補正を行うことなどが考えられる。

支援を必要としている生徒に対して

それぞれの実験結果が，エネルギー図内のどの部分の測定になるか，見通しを持たせた上で実験を行うことが大切である。

実践上のポイント

他の反応でも，ヘスの法則を活用して反応エンタルピーを求めることができるかどうかについて議論させたりすることが考えられる。

探究の過程

学習過程例（探求の過程）

見通しと振り返りの例

課題の把握（発見）
- 自然事象に対する気付き
- 課題の設定

課題の探究（追究）
- 仮説の設定
- 見通し
- 検証計画の立案
- 観察・実験の実施
- 結果の処理

課題の解決
- 考察・推論
- 振り返り
- 表現・伝達

次の探究の過程

- ●観察・実験を実行する力
- ●観察・実験の結果を処理する力
- ●観察・実験の結果を分析・解釈する力
- ●考察・推論したことや結論を発表したり，レポートにまとめたりする力

本授業におけるルーブリック例

	A	B	C
①エンタルピー，熱の収支，ヘスの法則を理解しているか	エンタルピー，熱の収支，ヘスの法則を十分に理解している。	エンタルピー，熱の収支，ヘスの法則を理解している。	エンタルピー，熱の収支，ヘスの法則を理解していない。
反応熱の測定に関する実験技能が身に付いているか。	反応熱の測定に関する実験技能が十分に身に付いている。	反応熱の測定に関する実験技能が身に付いている。	反応熱の測定に関する実験技能が身に付いていない。
②反応熱の測定に関する実験を計画し，結果を予想できているか。	反応熱の測定に関する実験を計画し，結果を適切に予想できている。	反応熱の測定に関する実験を計画し，結果を予想できている。	反応熱の測定に関する実験を計画し，結果を予想できていない。
規則性や関係性を活用したことについて表現できているか。	規則性や関係性を活用したことについて的確に表現できている。	規則性や関係性を活用したことについて表現できている。	規則性や関係性を活用したことについて表現できていない。
③主体的に学習に取り組んでいるか	振り返りながら，見通しをもって，粘り強く学習に取り組もうとしている。	粘り強く学習に取り組もうとしている。	粘り強く学習に取り組もうとしていない。

※なお，ルーブリックの規準・基準は生徒の実態に応じて設定することが考えられる。

3 執筆者のコメント，授業の展望

「ピーナッツの実験」と「Mgの燃焼熱の実験」との比較で，ヘスの法則の活用により理論値に近い値が算出されることから，生徒の達成感や満足感はあるようでした。「ヘスの法則」の有用性を感じる展開としては，効果があったのではないかと感じています。生徒たちが一番苦労したのは，Mgの燃焼熱を求めるためのエネルギー図の作成です。最初はクラス全体が混乱状態で，1人2人わかりはじめると互いに教え合う状況が生まれ，何とか落ち着きました（笑）。しかし，この苦労を経ての実験だったので，その後の考察は私が教えることなく自力で計算していました。また，理論値との比較ができる実験なので，それが目安となり，実験操作の振り返りや計算過程のミスを振り返ることも主体的に行うことができ，ほとんどを生徒同士で解決していました。

本校の実践では，使用する試薬の量も，温度変化の測定の仕方もそれぞれのグループで考えて実施させたので，グループによって結果は異なりましたが，ほぼ同様の傾向で結果が出たと思います。外挿して温度変化を算出したグループもありましたが，あまり結果には影響していないようでした。生徒たちが盛り上がったのは，ピーナッツの燃焼実験でした。そもそもピーナッツにそんなに簡単に火がつくと思っていなかったらしく，意外と長い時間燃え続けたことに感動していました（笑）。でも，これにはカ

ラクリがあり，「バターピーナッツ」を用いました。ピーナッツの実験においては，Excel の入力シートを準備しておき，測定値から熱量がすぐに算出されるようにしておきましたので，時間内に何度も実験を繰り返すことができ，表示カロリーに近づけようと躍起になって実験していました。

(担当　鮫島朋美)

COLUMN

単元を構想する際に必要な要素とは

大平　和之
(新潟県立新潟工業高等学校　教諭)

　私は，単元を構想する際に必要な要素として，①身につけさせたいキー概念，②指導上の課題，③事例のポイント，④探究で期待される効果等を意識している。また，これらを留意して授業を実践している。
　ここでは，ヘスの法則の事例を示す。

①身につけさせたいキー概念
・エンタルピーは状態量である。

②指導上の課題
・高等学校で未知の反応熱を求める場合，複数の熱化学方程式を加減する場面が一般的であり，エネルギー図を活用する場面が少ない。そのため，エネルギー図を自分で描いたり，エネルギー図を用いて思考したりすることに困難を感じる生徒が少なくない。
・この単元での実験として，ヘスの法則の確認実験を行うことが多いため，ヘスの法則を利用する必然性を感じにくい。
・熱化学方程式は他の単元や科目への拡張性に乏しい。一方，エネルギー図はさまざまな単元や科目で活用されている。(例：イオン化エネルギー，活性化エネルギー)

③事例のポイント
・実験計画を立案する場面を設けることで，生徒がエネルギー図を描いたり活用したりする場面を作る。
・直接測定することが困難なマグネシウムの燃焼熱を求める場面を設けることで，実験に対する見通しを持たせ，目的意識を高める。

④探究で期待される効果
・エネルギー図についての理解を深め，化学反応とエネルギーとの関係に関する思考力等を育成できる。(例：化学反応は，化学結合が切れたり新たに生じたりする現象であり，そのときにエネルギーが出入りする。)
・答えが分からない (あるいは1つでない) 問いを解くことで，物質の持つエネルギーや反応の進む方向に関する生徒の関心・意欲を高める。(例：燃焼反応のように，物質の持つエンタルピーが減少する方向に反応は進みやすいのではないか。)
・エンタルピーを導入し，エネルギー図を活用することで，熱化学と他の単元や科目とのつながりを意識させることができる。
　　化学 − 化学平衡 (反応の進む方向，自由エネルギー)
　　　　 − 反応速度
　　　　 − 酸化還元反応 (イオン化傾向，電池，酸化還元電位)
　　物理 − 熱力学
　　生物 − 代謝 (呼吸，発酵，光合成など)
　　家庭科 − 栄養素

第9章 エントロピーとは何だろう

●この単元を学習する意義

化学反応とエネルギーとの関連において，吸熱反応が自発的に進む要因に触れる際に「エントロピー」の概念を用いることにより，エントロピーが増大する方向に反応が進行することを理解し，その知識を活用してさまざまな反応の進行について説明できるようになること。

■KEYWORD: エントロピー変化，エンタルピー変化，反応の自発性

●育成すべき資質・能力

知識及び技能	エントロピー変化，エンタルピー変化を理解する力
思考力，判断力，表現力等	エントロピー変化，エンタルピー変化の知識を活用して化学反応の自発性を説明することができる力
学びに向かう力等	主体的に学習に取り組む態度

「自発的に反応が進むか」を判断できるようにするための要素

1 探究の過程を踏まえた学習指導の概要例

エンタルピー変化と反応熱に関するそれまでの学習と関連させながら，反応の自発性について説明できるようになることを目指す。学習指導要領解説には，「吸熱反応が自発的に進む要因に定性的に触る際には，エントロピーが増大する方向に反応が進行することに触れることが考えられる」と示されている。このことから，これまでに学習したエンタルピー変化などの内容に加え，エントロピー変化についての新たな知識を定性的な扱いの範囲で活用することによって，反応の自発性が説明できることを実感させたい。

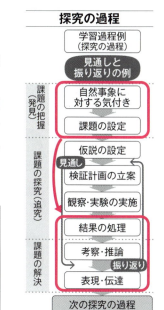

探究の過程

探究の視点		学習指導の概要	資質能力の例
課題の把握（発見）	自然事象に対する気付き	・発熱反応やエンタルピー変化について振り返る。 ・エネルギーが低くなろうとする向きに反応が進む。 ・しかし，吸熱反応が自発的に進む例も知られている。	●自然事象を観察し，必要な情報を抽出・整理する力
	課題の設定	・「エンタルピー変化だけでは，反応の自発性を説明できないのではないか。」 ・「変化が自発的に進むときの要因とは何だろうか。」	●見いだした関係性や傾向から，課題を設定する力
	（必要な知識・概念）	・エンタルピー変化	
	自然事象に対する気付き	・水面に1滴落としたインクが，自然に水中に広がっていく。 ・氷が融けて水になる。 ・インクが水中に広がっていく変化は，エネルギーが低くなろうとする傾向によるものではない。	●自然事象を観察し，必要な情報を抽出・整理する力
	課題の設定	・日常生活や社会の中の自然な変化とエントロピー増加との関係の例を挙げてみよう。 ・「エンタルピー変化とエントロピー変化で自発変化を説明することができるだろうか。」	●見いだした関係性や傾向から，課題を設定する力
	（必要な知識・概念）	・自然は乱雑になろうとする傾向があり，いったん乱雑になったら，元の整然とした状態に戻ることはない。 ・自然はエンタルピーが減少する向き，エントロピーが増加する向きに変化する。	
課題の解決	考察・推論 表現・伝達	・「エンタルピー変化とエントロピー変化で自発的な変化かどうかを説明してみよう。」	●観察・実験の結果を分析・解釈する力 ●考察・推論したことや結論を発表したり，レポートにまとめたりする力

2 探究の過程を踏まえた学習展開の例
①自然事象に対する気付き（必要な知識・概念），課題の設定

これまで，物質が変化するときは，化学エネルギーが変化し，エネルギーの出入りがあることを学びました．エネルギーを放出する反応を発熱反応，エネルギーを吸収する反応を吸熱反応，物質の変化に伴い放出または吸収される熱を**エンタルピー**Hと呼びました．

発熱反応の例を挙げてみましょう．

ろうそくや紙が炎を出して燃える．

化学カイロを袋から出すと発熱して温かくなる．

塩酸に水酸化ナトリウムを加えると，中和反応が起きて，ビーカー内の水溶液が熱くなる．

ガスコンロのガスが燃えると高温になる．

そう，いろいろありますね．発熱反応では熱が放出されることから，反応後の物質のエネルギーは減少するんでしたね．

反応前後のエネルギー変化をエンタルピー変化ΔHで表します．
発熱反応はエネルギー減少の変化であることから，ΔHは負となります．

・発熱反応の例として，プロパンの燃焼について示す．

$C_3H_8(気) + 5O_2(気) \longrightarrow 3CO_2(気) + 4H_2O(気) \quad \Delta H = -2175 \text{ kJ/mol}$

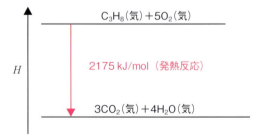

これらの反応は，**自発的に進む** ＝ 何も手を加えなくても反応が自然に進むことがわかっています．

実践上のポイント

従前は，反応熱を表すために熱化学方程式を用いていたが，学習指導要領の改訂によって，化学反応式にエンタルピー変化を併記して表すこととなったため，ここではエンタルピー変化で ΔH の符号と発熱反応との関係を確認する展開としている。

実践上のポイント

発熱反応の例として，中学校理科や化学基礎で学習した反応を挙げさせ，これまでの学習を振り返らせることが考えられる。

実践上のポイント

プロパン C_3H_8 の燃焼は，日常生活に見られる現象でもあり，自発変化を実感しやすい化学反応である。この他の燃焼反応についても扱い，実感を伴った理解を促すことも大切である。

実践上のポイント

反応が進むためのこの他の要因として，活性化エネルギーを得て遷移状態となることがあるが，反応速度との履修順序により，扱うことを検討することも考えられる。なお，反応は定温，定圧条件で変化が進む場合を扱うことに留意する。

これ以降に扱うすべての反応についても同様である。

> 発熱反応はエネルギーが低くなろうとする反応だから，自発的に進むのではないだろうか。

そうです，そこで昔の科学者は**エネルギーが低下する向きに反応が進む**と考えました。
では，中学校理科では塩化アンモニウムと水酸化バリウムを混合すると温度が下がる吸熱反応が進行することを扱ったのを覚えていますか。

たしか，冷たくなり，反応後にアンモニアの気体が発生しました。

そのとおり，他にもエタンの気体からエテンと水素の気体が生成する次の反応も吸熱反応が自発的に進むことが知られています。

・吸熱反応の例としてエタンの分解について示す。

$$C_2H_6(気) \longrightarrow C_2H_4(気) + H_2(気) \quad \Delta H = 137 \text{ kJ/mol}$$

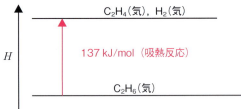

吸熱反応は，エネルギーが高くなろうとする変化です。つまり，**エネルギーが低くなろうとする向きに反応が進むとの考えは，当てはまらない**ことになります。

②自然事象に対する気付き（必要な知識・概念），課題の設定

> エンタルピー変化だけでは，反応の自発性を説明できないのではないか。変化が自発的に進むときの要因とは何だろうか。

それでは，自然に進む変化について考えを深めていきましょう。

自然に進む変化の身近な例を挙げましょう。

水面に1滴落としたインクが，自然に水中に広がっていく。

氷が融けて水になる。

実践上のポイント

エネルギーが低下する向きに反応が進むとの考えは,「ポテンシャルエネルギー（位置エネルギー）」の変化の類推で導かれるものである。

実践上のポイント

中学校理科では,試験管中で塩化アンモニウム（粉末状固体）と水酸化バリウム（粉末状固体）を混合すると,刺激臭のあるアンモニアが発生し,温度が下がることを確かめている。

実践上のポイント

エンタルピーの出入りを伴う変化の場合は,エネルギーが低下する向きに変化するという類推が当てはまらないことを示し,生徒に疑問を持たせる展開としている。

反応が自然に進むための要因とは何だろう？

- 必要な情報を抽出・整理する力
- 見いだした関係性や傾向から,課題を設定する力

そうですね，インクが水中に広がっていく変化は，エネルギーが低くなろうとする傾向によるものではありません。

インクの広がりの特徴として，インクはいったん広がってしまうと，元のように集まってインクに戻ることはありませんね。水も自然に氷にはなりません。そこで，自発的な変化について，次のことが考えだされました。

自然は乱雑になろうとする傾向があり，いったん乱雑になったら，元の整然とした状態に戻ることはない。

そこで，科学者は乱雑さを表す尺度を**エントロピー**と名付けました。そして，**自然はエントロピーが増加する向きに変化する**と考えたのです。
エントロピーの概念は，日常生活や社会の中でも用いられることがあります。

・日常生活や社会の中で用いられているエントロピーの概念例を示す。

エントロピーが小さい状態	エントロピーが大きい状態
秩序がある	無秩序
整然としている	乱雑で混とんとしている
均一でない	均一
不安定	安定
集中	発散

日常生活や社会の中の自然な変化とエントロピー増加との関係の例を挙げてみよう。

自分の部屋は，いつの間にか散らかってしまう。整理整頓（秩序がある状態）しても，時間が経つと散らかってしまう（無秩序な状態）。

全校集会で体育館に整列して静かに校長先生の話を聞き（整然とした状態），集会が終わって休み時間になると，ガヤガヤ話しながら歩いたり走ったりして教室に戻ろうとする（乱雑で混とんとしている状態）。

合唱コンクールの本番直前に個人個人で最終練習を行い（均一でない状態），ドキドキ（緊張）しながら（不安定な状態）ステージに上がり，本番後の楽屋で全員が達成感を感じながらお互いを称え合う（均一で安定な状態）。

実践上のポイント

日常生活における自発的な変化の例として，生徒が
「洗濯物が自然に乾く。」
「濡れ雑巾が次第に乾いている。」
「コップの水が自然に減っていく。」
などを挙げることが考えられる。

これらの変化は，系の物質が取り除かれる変化で，平衡移動の原理の際に扱う現象である。エントロピーに関連する基礎的な知識で説明するには複雑な事象であることから，これらについては，ここでは扱わないとすることが考えられる。

実践上のポイント

エントロピーの解説について，丁寧に説明するとともに，自発的な変化と乱雑さの増加との関係について，日常生活や社会の中の例と関連付け，エントロピー増加の考え方をイメージさせる展開としている。

実践上のポイント

日常生活や社会の中で，乱雑さが増加する変化が自然に起きることを実感させるために，生徒の考え，具体例を生徒の言葉で語らせることが大切である。

また，乱雑さが減少する変化は人為的な操作を行わなければ起こらないことに気付かせ，乱雑さが減少する変化は自然には起こらないことを実感させることも考えられる。

満員すし詰めの通勤・通学電車（集中した状態）から，乗り換えのため，車両の複数の扉から階段やエスカレーターへ乗客が走り出す（発散）。

日常生活や社会の中でも，エントロピーが増加する変化が自然に起きることがイメージできましたか。

化学の話に戻りましょう。化学反応など，化学で扱う変化は発熱反応のようにエネルギーが減少する変化が自然に進むと考えましたが，塩化アンモニウムと水酸化バリウムの反応のようにエネルギーが増加する吸熱反応が進行する場合もありました。

そこで，反応の自発性のもう一つの要因として，乱雑さ，すなわちエントロピーが増加する向きに変化が進むと考えます。

自発変化の要因は，**エネルギーの低下**だけでなく，いわゆる**乱雑さの増加**も関係しているとするのです。

化学におけるエントロピー変化について，次の例を紹介します。

エントロピーが増加する例　　　　**エントロピーが減少する例**

・固体から液体，気体ができる。　　・気体から液体，固体ができる。
・分子数が増加する。　　　　　　　・分子数が減少する。
・固体や液体が水溶液になる。　　　・気体が水に溶ける。

中学校理科で学習した，塩化アンモニウムと水酸化バリウムとの反応は吸熱反応でした。吸熱反応はエネルギーが高くなる向きの変化ですので，自然には進まないことが多いのですが，この反応は自発的に進みます。

また，この反応では，塩化アンモニウムと水酸化バリウムの粉末状固体どうしを混合すると気体のアンモニアが生成します。気体ができる変化はエントロピーの増加がとても大きい変化です。吸熱反応であっても，エントロピーの増加が大きい反応は自発的に進む場合があるのです。

したがって，自発変化するかどうかはエンタルピー変化だけでなく，エントロピー変化の大小とのバランスで決まるのです。

> エンタルピー変化とエントロピー変化で自発変化を説明することができるだろうか。

③ **考察・推論，表現・伝達**

次の反応は自発的に進むことが知られています。自発的に変化することをエンタルピー変化とエントロピー変化との関係で説明してみよう。

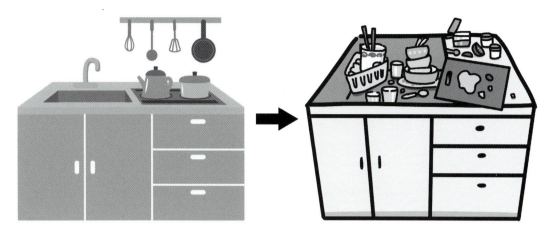

台所はいつの間にか散らかってしまう。
イラスト：（左）acworks，（右）パニーニわたせ．

実践上のポイント

　反応前後で状態が変化する場合，エントロピーの増減が予想しにくい（例えば，反応前後で分子数は増加するが，状態は気体から液体に変化する場合など）ことから，反応前後で状態が変わらない化学変化のみを扱うこととしている。その他の反応も同様である。

実践上のポイント

　正反応が自発的に進行する場合の条件に加え，逆反応が進行する条件についても注目させることが考えられる。

$$2O_3(気) \longrightarrow 3O_2(気) \qquad \Delta H = -286 \text{ kJ/mol}$$

発熱反応はエネルギーが低くなろうとする反応だから,自発的に進行する可能性があるよね。
反応前と比較して,反応後の分子数が増加するから,この変化も自発的に進行する可能性があるわね。
だから,この反応は自発的に進むと考えられるわ。

$$N_2(気) + 2O_2(気) \longrightarrow 2NO_2(気) \qquad \Delta H = 66.4 \text{ kJ/mol}$$

吸熱反応はエネルギーが高くなろうとする反応だから,自発的に進行しない可能性がある。だけど,エントロピー変化も確かめる必要があるよね。
反応前と比較して,反応後の分子数が減少するから,この変化は自発的に進行しない可能性がある。
だから,この反応は自発的には進まないと考えられます。

先に扱った,自発的に進む次の反応を説明してみましょう。

$$C_2H_6(気) \longrightarrow C_2H_4(気) + H_2(気) \qquad \Delta H = 137 \text{ kJ/mol}$$

吸熱反応はエネルギーが高くなろうとする反応だから,自発的に進行しない可能性があります。でも,エントロピー変化も確かめる必要があるわ。
反応前と比較して,反応後の分子数が増加するから,この変化は自発的に進行する可能性がある。
この変化は自発的に進むことから,エントロピーの増加が大きい変化だと考えられます。

塩化アンモニウムと水酸化バリウムの反応と,同じような説明になりますね。それでは,次の反応はどう説明しますか。

$$H_2O(固) \longrightarrow H_2O(液) \qquad \Delta H = 6.0 \text{ kJ/mol}$$

実践上のポイント

この反応について，オゾン O_3 は非常に不安定な気体であるため，常温で徐々に分解して安定した酸素 O_2 になることを示す。その上で，エンタルピー変化とエントロピー変化との関係で自発変化を説明させ，実感を持たせながら学習を進めることが大切である。

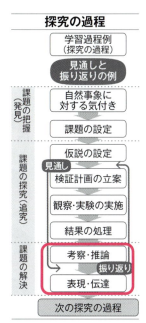

理解が進んでいる生徒に対して

反応前後の物質がすべて気体であることに注目させたり，例示した反応のエントロピー変化を比較させたりすることも考えられる。

支援を必要としている生徒に対して

自発変化を説明させる際，エンタルピー変化による説明，エントロピー変化による説明を挙げさせるための支援をすることが考えられる。

実践上のポイント

吸熱反応として氷が水に状態変化する例を示し，エンタルピー変化とエントロピー変化を用いて反応の自発性を説明させる中で，温度によって変化が進む場合と進まない場合があることに気付かせる展開としている。温度によって逆反応が進行することに気付かせ，疑問を持たせることが大切である。

吸熱反応はエネルギーが高くなろうとする反応だから，自発的に進行しない可能性がある。だけどエントロピー変化も確かめる必要がある。固体から液体ができる変化だから，この変化は自発的に進む可能性があるね。エントロピーの増加が大きい変化であれば，自発的に進むと考えられるよ。

ちょっと待って，これって氷が融けて水になる変化のことだよね。

氷は自然に融けて水になるよね。

待てよ，冷凍庫の中の氷は融けないぞ。0℃以下ではこの反応は進まないよ。

0℃を超えると自然に氷が融けて水になるね。

> 温度によって反応が自発的に進行するかしないかが，変わる場合があるのだろうか。

よく気付いたね。吸熱反応でも反応が自発的に進行するのは，エントロピー増加が大きい場合でした。固体から液体ができる変化はエントロピー増加が大きい変化ですが，その場合であっても温度によって自発変化の可否が変化することがあるということです。

反応の自発性がエンタルピー変化とエントロピー変化のバランスで決まることがイメージできましたか。その他の反応についても説明することに取り組んでみてはいかがでしょうか。

実践上のポイント

この反応は，0℃以下ではエントロピー増加よりも吸熱反応によるエネルギー増加の要因で自発的に変化しないことを説明し，0℃を超えると吸熱反応によるエネルギー増加よりもエントロピー増加の要因で自発的に変化することを説明する。このように場合分けをさせ，考えさせることが大切である。

このほか，発熱反応によりエネルギーが低下する場合であっても，エントロピーが減少する場合は自発的に変化しない可能性がある反応を例示して説明させることも考えられる。

実践上のポイント

エンタルピー変化とエントロピー変化に加え，温度も自発的な変化の可否を決める要因であることに留意した上で，生徒の疑問に答える準備をすることも大切である。エントロピー変化と温度の積 $T\Delta S$ は，エンタルピー変化 ΔH と同様にエネルギーの単位になることから，$\Delta H - T\Delta S$ もエネルギーの単位になり，この $\Delta H - T\Delta S$ を**ギブズエネルギー変化** ΔG と呼ぶ。これにより，反応はギブズエネルギーが低下する向き，すなわち，定温定圧において $\Delta G = \Delta H - T\Delta S < 0$ となる向きに反応が自発的に進む。つまり，ΔG により反応が自発的に変化するかどうかを判定することができる。

エンタルピー変化，エントロピー変化，温度，ギブズエネルギー変化と自発的な変化の可否についてまとめると，次の表のとおりとなる。

ΔH	ΔS	T		ΔG	自発的な変化
＜0（発熱反応）	＞0	すべて		＜0	○
＞0（吸熱反応）	＜0	すべて		＞0	×
＞0（吸熱反応）	＞0	高温時	$\Delta H - T\Delta S < 0$	＜0	○
		低温時	$\Delta H - T\Delta S > 0$	＞0	×
＜0（発熱反応）	＜0	高温時	$\Delta H - T\Delta S > 0$	＞0	×
		低温時	$\Delta H - T\Delta S < 0$	＜0	○

なお，反応の自発性について，単にギブズエネルギー変化による表を覚えさせるのではなく，エントロピー変化，エンタルピー変化，温度との関係を理解させた上で，反応の自発性を説明するための活用可能な知識として習得させることが大切である。

本単元のルーブリック例

	A	B	C
①エントロピー変化，エンタルピー変化を理解できているか。	エントロピー変化，エンタルピー変化を十分に理解できている。	エントロピー変化，エンタルピー変化を理解できている。	エントロピー変化，エンタルピー変化を理解できていない。
②エントロピー変化，エンタルピー変化，温度の関係性を活用して，化学反応の自発性を説明できているか。	エントロピー変化，エンタルピー変化の知識を活用して，化学反応の自発性を適切に説明できている。	エントロピー変化，エンタルピー変化の知識を活用して，化学反応の自発性を説明できている。	エントロピー変化，エンタルピー変化の知識を活用して，化学反応の自発性を説明できていない。
③主体的に学習に取り組んでいるか。	振り返りながら，見通しをもって，粘り強く学習に取り組もうとしている。	粘り強く学習に取り組もうとしている。	粘り強く学習に取り組もうとしていない。

※なお，ルーブリックの規準・基準は生徒の実態に応じて設定することが考えられる。

3 執筆者のコメント，授業の展望

　これまで，化学反応が自発的に進むか否かについては，高等学校化学で扱いがありませんでした。高等学校学習指導要領（平成30年告示）解説理科編で，「吸熱反応が自発的に進む要因にも定性的に触れること」と示され，「吸熱反応が自発的に進む要因に定性的に触れる際には，エントロピーが増大する方向に反応が進行することに触れることが考えられる」とされたことから，反応の自発性について，生徒が疑問を持ち，その疑問に答えることができる授業展開を意図することが大切であると考えます。

　反応の自発性について，生徒が探究的に課題に取り組み，対話を通して深い思考と理解を促す授業の一例として，授業実践を行いました。

　この授業では，エンタルピー変化と反応熱に関するそれまでの学習活動を関連させながら，課題を設定し，情報を収集し，それらを適切に処理して規則性を見いだしたり，認識を深めたりするなど，自然事象を探究する過程を踏ませることにより，科学的に探究する力の育成を目指すこととしています。示された資料の中から情報を抽出し，適切に処理し，情報を分析・解釈して妥当な結論を導く過程を経験する中で，生徒が主体的に課題に取り組み，自ら考え，課題を解決することができるように促しました。

　授業の流れとしては，まず，日常生活において，自発的に進行する反応の例を挙げさせ，反応が自発的に進行するための要因とは何かについて考えさせ，発熱反応が進行する際のエネルギーの増減について扱い，発熱反応はエネルギーが低くなろうとする変化と関係していることを扱います。ところが，吸熱反応はエネルギーが高くなろうとする変化と関係している

にもかかわらず自発的に反応が進行する場合があることを示して，疑問を持たせました。そして，いわゆる乱雑さの度合いを表す「エントロピー」の概念を導入し，反応はエネルギーが低くなろうとする方向への変化だけではなく，乱雑さの度合いであるエントロピーが増大する方向への変化も考える必要があることを示した上で，日常生活や社会の中で自然に起きると考えられる事象を「エントロピーの増加」で説明することに取り組みます。続いて，化学に話しを戻し，エントロピーが増加する例と減少する例を挙げた上で，いくつかの反応について，エンタルピー変化とエントロピー変化で自発変化するか否かを説明する活動に取り組みまとめとしています。

　この授業が契機となり，エントロピーの考え方を用いて化学反応の自発性について説明させることにより，生徒の思考力，判断力，表現力などが育成されるだけでなく，生徒の化学変化への興味・関心がより一層強くなることを期待しています。

（担当　飯田寛志）

参考文献

竹内敬人『化学反応のしくみ高校からの化学入門3』岩波書店，21～42（2000）．

日本化学会編『高校化学の教え方―暗記型から思考型へ―』丸善，13～25（1997）．

P. W. Atkins 著，渡辺正訳『アトキンス一般化学（上）原著第6版』東京化学同人，252～259（2014）．

文部科学省『高等学校学習指導要領解説　理科編　理数編』実教出版，102（2018）．

エントロピーと乱雑さ

福村　裕史
（仙台高等専門学校 校長）

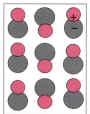
完全な結晶
（1通り）

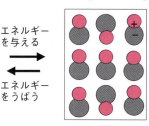
分子1個が反転
（9通り）

図1（b）　結晶内の分子の向きをエネルギーで制御できると考えてみよう

エントロピーの解説の中には「乱雑さ」という言葉がしばしば登場するが，これはどういう意味なのだろう。今，教室の中に40人の生徒が座っているとする。この教室内の生徒に40枚の100円玉を与える配り方を考えてみよう。どんな配り方でも，それはひとつの「場合」と考えることにすると，全員が1枚ずつ100円玉を持つ「場合」はたった1通りしかない。全員が100円玉を1枚ずつ持った状態から，ある生徒の100円玉を取り上げて，別の生徒に与えると，2枚の100円玉を持った生徒が1人，何も持っていない生徒が1人，生まれることになる。このような状態の「場合」の数は40（誰から取り上げるか）×39（取り上げた生徒を除いて誰に与えるか）で1560通りもある。自然ではどのような「場合」も同じ確率で起こるので，コインの再分配を可能にすれば全員が1枚ずつコインを持つ整然とした状態より，ばらばらのコイン数を持つ生徒が混在して不平等になる確率がはるかに高い。

さらに単純化して，図1（a）に示すように，箱の中でインク分子を模した赤球と白球が8個ずつ分離している場合を考えてみよう。球が片側に揃う場合より，球が混合される場合の数の方がはるかに多い。つまり「乱雑さ」とは，取り得る「場合」の数が大きいということを意味している。

では，混合を引き起こすエネルギーはどこから来るのだろうか。液体中の分子は熱運動により室温で1秒間に100兆回も周囲の分子とぶつかっている。これが物質の中の「乱雑さ」を増やす原動力になる。熱い物質は，外部からエネルギーを注入しなくてもひとりでに「乱雑さ」が増える。

次に，エントロピーの計算が熱の出入りで計算できるのはなぜかを考えたい。定義では，**可逆系**で入ったエネルギーを，その時の温度で割り算したものがエントロピー増加になっている。図1（b）に示すように，結晶の中で分子が電荷の偏りを相殺するようきちんと整列している場合を考えよう。結晶の中の分子を1個選んで向きを変えると，同種どうしの電荷の反発のためエネルギーが高くなる。このような特殊な場合には，エネルギーを加えれば「乱雑さ」が増え，エネルギーを取り去ると「乱雑さ」は減る。したがって，出入りしたエネルギー量（エンタルピー）からエントロピーが計算できることになる。しかし実際には結晶内の分子には沢山のエネルギーの受け皿があり，エネルギーを取り去っても元の秩序に戻るとは限らない。さらに自然の熱運動で自発的に乱雑さは増えるので，自然は不可逆なのである。

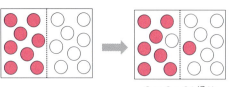

8×8＝64通り　　（8×7)/2×(8×7)/2＝784通り

図1（a）　インクの拡散を赤球・白球の交換と考えてみよう

「高大接続の視点から見る高校化学」 高校までの科学的な経験の大切さと高大接続の必要性

柄山　正樹

（日本化学会 フェロー・東洋大学 客員教授）

科学は目まぐるしく進歩している。公衆電話は携帯電話に取って代わられ，携帯電話もガラケーは淘汰されんばかりとなり，スマートフォンが主流となっている。若者はすぐに慣れ，道具としていとも簡単に使いこなす。しかし，あまりに激しく進化し続ける便利なブラック・ボックスの中身に興味を持って，「どうやって音を出すのか？」，「ブルブル震えることができるのはなぜ？」と疑問に思う若者はあまりいない。

現在の理科系大学には，予想以上に多様な学生が入学してくる。高校時代に理科をあまり学んでこなかった学生も一定の割合で存在するし，必死に暗記して受験を突破し，理科は暗記教科だという感覚を持ってしまった生徒も少なくない。しかし，学生自身で問題を発見し，さまざまな試行錯誤を繰り返し，苦労の末に問題を解決できたという達成感を得ることこそ，大学で科学を勉強することの醍醐味である。科学的な問題解決に大切なのは暗記力だけではなく，科学的に観る力（観察力）であり，科学的に考えられる頭（思考力）であり，科学的に確かめられる手腕（技術）である。

自然科学を学ぶ大学生は，「**気付き→試行・観察→問題の本質の発見→実験（試行錯誤，確認）→問題の解決**」の一連の流れを経験することになる。そこで高校生活では受け身の学習だけで満足するのではなく，「ナゼ？」「ドウシテ？」とたくさんの疑問を持ち，深く知ろうとする探究心をさまざまな場面で育てて欲しい。また，高校生活においてできるだけ多くの体験・経験をして，興味・関心の分野を広げることも大切である。さらに，「ナゼ？」を問題解決へとつなげる発想力と実行力を培い，できるだけ多く達成感を味わって欲しい。

多くの学生は，大学の授業のレベルの高さや高校との格差に面喰らい，知識を詰め込むことのみになってしまう。毎日シャワーのように降り注がれる初めて聞く専門用語，理解が難しい知識等々。

この高校と大学との格差是正は緊急の課題である。しかし，高校と大学が連携し，高校で学ぶ事柄・用語を見直し，少しでも格差是正に踏み出す努力と実行力が高校と大学の教員双方にあれば，解決できない課題ではないだろう。日本化学会の「高等学校化学で用いる用語に関する提案〔化学と教育，**64**（3），92（2016）〕」はその一歩である。

第10章 アルカリ金属

●この単元を学習する意義

アルカリ金属の性質, 反応などの知識や新たな情報を活用し, アルカリ金属と水との反応における反応性の大小関係について, 実験結果とその他の情報から考察・推論することにより, 結論を根拠とともに表現できるようになること。

■KEYWORD：アルカリ金属の性質, アルカリ金属の反応,
　　　　　　イオン化エネルギー, 電気陰性度, 還元力

●育成すべき資質・能力

知識及び技能	アルカリ金属の性質, アルカリ金属の反応等を理解する力
思考力, 判断力, 表現力等	実験結果を説明するために, 与えられた情報を活用し, 妥当な結論を導く力
学びに向かう力等	主体的に学習に取り組む態度

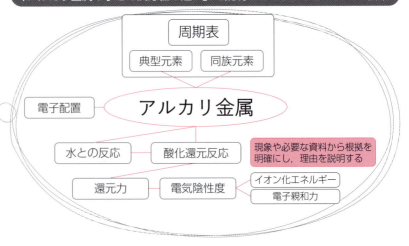

「アルカリ金属の水との反応性の違い」を説明できるようにするための要素

1 探究の過程を踏まえた学習指導の概要例

ここでは，ここまでに学習したアルカリ金属の性質や反応などの知識に加え，与えられた新たな知識も活用し，アルカリ金属と水との反応性に関する実験結果を基に，反応性の大小関係を考察・推論する活動に取り組むことにより，科学的な思考力，判断力，表現力等の育成を図ることを目指す。

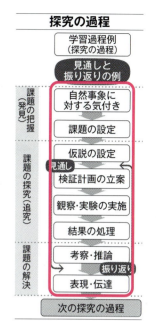

探究の視点		学習指導の概要	資質能力の例
課題の把握（発見）	自然事象に対する気付き	・教科書を，さらに補足するデータを与える。	●必要な情報を抽出・整理する力
	課題の設定	・例「これらのデータから，Li，Na 単体と水との反応性（反応の激しさ）の大小関係を説明できるのではないか」	●見いだした関係性や傾向から，課題を設定する力
課題の探究（追究）	仮説の設定	・例「Li，Na 単体と水との反応性の大小関係は，還元力の大小関係に対応する」	●見通しを持ち，検証できる仮説を設定する力
	検証計画の立案	・米粒大の Li，Na を純水 5 mL 入りの試験管内に入れ，直ちに同じ太さの試験管を上に重ねる。 ・反応後，下側の試験管内の水中に生成した物質を確かめるための方法を計画させる。 →反応後，フェノールフタレイン溶液 1 滴を加えて赤色に変化した場合，水酸化物が生成していることを確かめることができる。 ・反応後，上側の試験管内の気体を確かめるための方法を計画させる。 →反応後，試験管にゴム栓を付け，ガスマッチの炎を点火した後にゴム栓を取り外して試験管の口に近づけ，燃焼が確認できた場合，水素が発生していることを確かめたことになる。	
	観察・実験の実施	・安全に実験を行うための留意事項について示す。	●観察・実験を実行する力
	結果の処理	・反応性の大小を判断する基準として，反応時間，反応時に発生する熱，光，物質の様子等を整理させ，結果を記述させる。 ・反応性　Li＜Na ・反応後に水酸化物，水素が生成	●観察・実験の結果を処理する力
課題の解決	考察・推論 表現・伝達	・考察例 　この実験は，アルカリ金属の単体が水を還元して水素が生成するとともに，アルカリ金属は酸化されて陽イオンとなる反応であることから，反応性の大小はアルカリ金属の還元力の大小と同様であると考えられる。なぜならば，還元力が大きいほど，水と激しく酸化還元反応して，水素を生成するからである。	●観察・実験の結果を分析・解釈する力

2 探究の過程を踏まえた学習展開の例
①自然事象に対する気付き

この授業では,アルカリ金属の単体とその化合物の性質について考えていきます。

中学校理科や化学基礎で元素の周期表について学習しました。学習したこととアルカリ金属と関係のあるデータから,どのようなことが言えるのか考えてみましょう。

・生徒に資料を提示する。

❶電子配置

	K	L	M	N	1s	2s	2p	3s	3p	3d	4s
	2	8	18	32	2	2	6	2	6	10	2
Li	2	1			2	1					
Na	2	8	1		2	2	6	1			
K	2	8	8	1	2	2	6	2	6		1

❷還元力　Li ＜ Na ＜ K
❸イオン化エネルギー　Li ＞ Na ＞ K
❹原子半径　Li ＜ Na ＜ K
❺融点　Li ＞ Na ＞ K
❻電気陰性度　Li ＞ Na ＞ K

②課題の設定

アルカリ金属の単体は,金属でありながら,常温常圧で水と反応することが知られています。
また,この3種類のアルカリ金属の単体が水と反応する場合,その反応性には違いがあります。

そこで,アルカリ金属と水との反応性について,これらのデータと,どのような関係性があるのか探究します。
アルカリ金属と水との反応性は,これらのどのデータから説明できますか? 個人で考えた後,グループで話し合いましょう。

実践上のポイント

中学校学習指導要領では，周期表を用いて金属や非金属など多くの種類が存在することに触れている。

理解が進んでいる生徒に対して

与えるデータの種類を増やして提示することにより，必要な情報を選択する力を育むことが考えられる。

（データ例）
・電子親和力
・イオン半径
・電気伝導度
・熱伝導度
・密度
・結晶格子

支援を必要としている生徒に対して

与えるデータを限定して提示することが考えられる。

実践上のポイント

K殻と1s軌道，L殻と2s軌道・2p軌道，M殻と3s軌道，3p軌道，3d軌道などの対応関係がある。

● 必要な情報を抽出・整理する力

【話し合い】

アルカリ金属と水との反応は酸化還元反応だから，その反応性は還元力の違いで説明できるんじゃないかしら。（資料❷関係）

アルカリ金属と水との反応では，反応後，アルカリ金属の陽イオンが生成するから，その反応性はイオン化エネルギーに関係しているんじゃないかな。（資料❸関係）

アルカリ金属の陽イオンが生成されるときに電子殻や副殻の最も放出されやすい電子が放出されるから，その反応性は電子殻や副殻の電子配置と関連があるんじゃないかしら。（資料❶関係）

電気陰性度は酸化還元反応とどのような関係があるのだろう。（資料❻関係）

その反応性はアルカリ金属の金属結合の強弱と関係があるんじゃないかしら。

これらのデータは，アルカリ金属と水との反応性に関連があるものと関連がないものがあるはずよね。

ここまでの話し合いで，どのようなことに気付きましたか？

・話し合いの中から，次のような課題が生じる。

> これらのデータの中から，Li，Na，K 単体と水との反応性（反応の激しさ）の大小関係が説明できるものがあるのではないか。

③仮説の設定

これらのデータの中でアルカリ金属と水との反応性を説明できるものを取り上げ，どのような関係性があるのか仮説を設定してください。
個人で考えた後，グループで共有しましょう。

・生徒は次のような仮説を設定する。

アルカリ金属と水との反応は酸化還元反応だから，Li，Na，K 単体と水との反応性の大小関係は，還元力の大小関係と等しいよね。（資料❷関係）

理解が進んでいる生徒に対して

複数のデータを関連させて考えさせるように促すことが考えられる。

支援を必要としている生徒に対して

話し合いが進まない場合は、提示したデータの意味を補足する支援を行うことが考えられる。

●見いだした関係性や傾向から、課題を設定する力

支援を必要としている生徒に対して

課題の設定を生徒から発案することが困難な場合は、活用するデータを限定して思考・判断・表現を促すことが考えられる。

理解が進んでいる生徒に対して

設定した仮説から、予想される実験結果との関係性について思考・判断・表現を促すことが考えられる。

支援を必要としている生徒に対して

仮説の設定を生徒から発案することが困難な場合は、活用するデータを示して、データと実験結果との関係性の予想を促すことが考えられる。

●見通しを持ち、検証できる仮説を設定する力

(a) 試験管を連結する方法

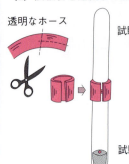

透明なホース
試験管 B
試験管 A

アルカリ金属と水との反応で、アルカリ金属イオンが生成するから、その反応性はイオン化エネルギーの大小関係と関係があるわね。（資料❸関係）

アルカリ金属イオンが生成するときに、電子殻や副殻の最も放出されやすい電子が放出されるから、その反応性は電子殻や副殻の電子配置と関連があると思うわ。（資料❶関係）

その反応性はアルカリ金属の金属結合の強弱と関係があるんだよね。原子半径の大小関係や融点の大小関係と相関があるね。（資料❺❻関係）

④検証計画の立案

(b) 穏やかに加熱する方法

アルカリ金属と水との反応性を確認する実験を次のように行います。

・米粒大のLi, Naを純水5 mL入りの試験管A内に入れ、直ちに同じ太さの試験管Bを上に重ねる〔図 (a)〕。
・反応後、下側試験管内の水溶液中に生成した物質を確かめるための方法を計画させる。

反応後に生成した物質を確かめるための方法を計画してみよう。

個人で計画した後、グループで話し合いましょう。

【話し合い】

(c) しっかり振り混ぜて加熱する方法

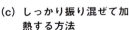

反応後、フェノールフタレイン溶液1滴を加えて赤色に変化したら、アルカリ金属の水酸化物が生成していることを確かめるられるね。

反応後、上側試験管にゴム栓を付けて、ガスマッチの炎を点火した後にゴム栓を取り外して試験管の口に近づけ、燃焼が確認できたら、水素が発生していることを確かめられるわ。

⑤観察・実験の実施

・アルカリ金属と水との反応は、安全に配慮して教師実験として行う。
・反応後、水溶液中に生成した物質を確かめるための実験、発生した気体を確かめるための実験は、生徒実験として行う。その際、安全に実験を行うための留意事項について示す。

図　ホースの便利な使い方

理解が進んでいる生徒に対して
反応後に生成した物質を確かめるための複数の実験方法を発案させ，それらを行うために必要な実験装置，実験器具，実験試薬等とその関係性を思考・判断・表現させることが考えられる。

支援を必要としている生徒に対して
実験方法の発案が困難な場合は，「中学校理科」や「高等学校化学基礎」で扱った実験方法例を提示して，思考・判断・表現を促す支援を行うことが考えられる。

また，いくつかの薬品や実験器具を提示して，それらを活用するための方法について考えさせるような支援を行うことが考えられる。

理解が進んでいる生徒に対して
反応に関連する実験の技能について，それらを用いる理由や利点，注意すべき点等について話し合わせることが考えられる。

支援を必要としている生徒に対して
実験を行うための基礎的な技能について，理解を促すことが考えられる。

実践上のポイント
反応時にナトリウムが球形になることに注目させ，反応する過程と物質の状態との関係について考察させることも考えられる。この時，ナトリウムが飛散することがあるため注意が必要である。

⑥結果の処理
・反応性の大小を判断する基準として，反応時間，反応時に発生する熱，光（炎色反応），物質の融点等を整理させ，結果を記述させる。

【実験結果の整理】
・アルカリ金属と水との反応は，
　　反応時間　Li＞Na
　　点火時に発生する光（炎色反応）　Li 赤色，Na 黄色
　　反応時の観察から融点　Li＞Na
　であることから，反応性の大小関係は　Li＜Na
・反応後の水中には，アルカリ金属の水酸化物が生成。
・反応により気体の水素が生成。

⑦考察・推論　表現・伝達

実験結果から得られたアルカリ金属と水との反応性と，アルカリ金属のデータとの関係性について説明してください。
また，他のアルカリ金属の反応性について，どのようなことが考えられるか考察しましょう。
科学的に表現するためには，実験結果，科学的な根拠，論拠に基づいて，主張して説明することが必要ですね。
個人で考えた後，グループで共有し，全体で発表しましょう。

【考察・推論例】

実験結果から，リチウムよりもナトリウムの方が反応性が大きいことがわかります。リチウムよりもナトリウムの方が原子番号が大きいことから，さらに原子番号が大きいアルカリ金属であるカリウムは，さらに反応性が大きくなると予想できます。

実験結果から，アルカリ金属の単体が水を還元して水素が生成するとともに，アルカリ金属は酸化されて陽イオンとなる反応だから，反応性の大小はアルカリ金属の還元力の大小と同様だと考えられます。なぜなら，還元力が大きいほど，水と激しく酸化還元反応して，水素を生成するからです。（資料❷関係）

実験結果から，反応性の大小は，イオン化エネルギーの大小と逆の関係だと考えられます。なぜなら，イオン化エネルギーが小さいほどイオンになりやすく，反応しやすいと言えるからです。（資料❸関係）

実践上のポイント

Na, K は常温常圧で水と激しく反応することから, 安全面に十分配慮する必要がある。特に K では, 生徒実験ではなく教師実験として行うことが望ましい。その際, 教卓などで実験を行う場合であっても, 生徒に対しても保護メガネを着装させる, 手元カメラの映像を映すなど, 安全面で十分な配慮を行う必要がある。

理解が進んでいる生徒に対して

反応後に生成した物質を確かめるため, 複数の実験方法を発案させ, それらを行うために必要な実験装置, 実験器具, 実験試薬等とその関係性を思考・判断・表現させることが考えられる。

反応に関連する実験の技能については, それらを用いる理由や利点, 注意すべき点等についての思考・判断・表現を促すことが考えられる。得られた実験結果については, 反応性の大小関係が理解しやすいよう結果の表現方法を工夫させることが考えられる。その際, 表, グラフ等を組み合わせて, それらの関係性が明確になるように表現することを促すことが考えられる。

支援を必要としている生徒に対して

実験方法の発案が困難な場合は,「中学校理科」や「高等学校化学基礎」で扱った実験方法例を提示することなどが考えられる。

また, いくつかの薬品や実験器具を提示して, それらを活用するための方法を考えさせ, 実験を行うための基礎的な技能について, 理解を促すことが考えられる。

なお, 得られた実験結果を整理する表やグラフの例をあらかじめ提示したうえで, 実験結果の整理を促す支援を行うことが考えられる。

実験結果から，反応性の大小は，原子半径の大小と関係があると考えられます。その理由は，原子半径が大きくなるほど，原子の単位体積当たりの自由電子（最外殻電子）の数が相対的に少なくなり，金属結合が弱くなり，したがって，反応しやすくなると言えるからです。（資料❹関係）

 実験結果から，反応性の大小は，融点の大小とは逆の関係だと考えられます。なぜなら，融点が低いほど，金属結合は弱く，したがって，反応しやすくなると言えるからです。（資料❺関係）

 電気陰性度は，原子が共有電子対を引き付けようとする強さの程度を表す値なので，酸化還元反応の反応性を直接説明する要素ではないと考えらます。（資料❻関係）

 関連する学習内容

ビッグバンから現在までの歴史を，自然科学や人文科学の視点から総合的に探求するビッグヒストリーが注目されている。一方，地球という大きな視点で元素に着目する際，循環という視点を忘れてはならないことに気付かされる。例えば，「銅」に着目してみよう。

るつぼに入れた炭素粉末の中に孔雀石を入れて強熱すると，還元されて銅が生成する。銅は，希硫酸には溶けないが，熱濃硫酸などに溶けることが知られている。

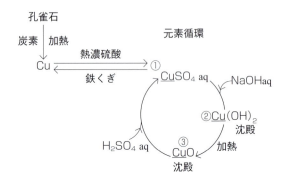

参考文献

加藤俊二，栂野正「銅を溶かすオキシドール―過酸化水素による銅の溶解―」，化学教育，**34**（3），230～213（1986）．

理解が進んでいる生徒に対して

実験結果と提示したデータとの関係性を考察する際に，複数のデータとその関連性についても考察させ，グループで議論することにより理解を深めさせることなどが考えられる。

発案した考察・推論について，実験事実から導く主張が根拠を伴っているかどうか，実験事実，主張，根拠の各要素の有無とその正しさに関する自己評価させたうえで，お互いの考察・推論について相互評価させる活動を行うことが考えられる。

自己評価，相互評価の際には，各要素の有無や正しさについての評価だけでなく，それらを含む考察・推論に関するコメント評価を行うことが大切である。

また，自己評価，相互評価の後，再度，考察・推論の再記述を行ったうえで，再度，自己評価，相互評価を行い，生徒の資質・能力の向上を促すことが考えられる。

支援を必要としている生徒に対して

実験結果と提示したデータとの関係性を考察する際に，実験結果の中で注目すべき視点を絞って考察させるなどの支援を行うことが考えられる。

その際，データとの関係性について個人で考えた後，グループで話し合うことにより，理解を深める支援を行うことが大切である。

実践上のポイント

探究過程における考察・推論を重視する授業計画であることから，生徒の考察・推論について，科学的説明における論理的な表現となっているかどうかを十分に議論させ，理解を深めさせる。

本単元のルーブリック例

	A	B	C
①アルカリ金属の性質，アルカリ金属の反応等を理解できているか。	アルカリ金属の性質，アルカリ金属の反応等を十分に理解できている。	アルカリ金属の性質，アルカリ金属の反応等を理解できている。	アルカリ金属の性質，アルカリ金属の反応等を理解できていない。
②実験結果を説明するために，与えられた情報を活用し，妥当な結論を導くことができているか。	実験結果を説明するために，与えられた情報を活用し，適切で妥当な結論を導くことができている。	実験結果を説明するために，与えられた情報を活用し，妥当な結論を導くことができている。	実験結果を説明するために，与えられた情報を活用し，妥当な結論を導くことができていない。
③主体的に学習に取り組んでいるか。	振り返りながら，見通しをもって，粘り強く学習に取り組もうとしている。	粘り強く学習に取り組もうとしている。	粘り強く学習に取り組もうとしていない。

※なお，ルーブリックの規準・基準は生徒の実態に応じて設定することが考えられる。

3 執筆者のコメント，授業の展望

　アルカリ金属の実験は，定番の実験です。手元カメラを使えば，スクリーンに大きく映し出すことができるので，供覧実験にふさわしい実験です。ナトリウムの実験後，リチウムやカリウムの性質を類推させるとよい。

　カッターナイフで切断するだけでなく，切断した小片をピンセットでつぶすとよいでしょう。リチウムはつぶれにくいですが，ナトリウムやカリウムは簡単につぶれてしまいます。

　小片を水と反応させるときに，いくつかの観察ポイントがあります。一つ目は，水面で反応することから水より密度が小さいことがわかります。二つ目は，2種類のとけるが観察されることです。そのうちの一つは，固体のナトリウムが球体になることから液体に変化していることがわかるので，「融ける」が観察できます。もう一つは，大きさが小さくなりナトリウムを含む水溶液となるので，水に「溶ける」が観察できます。前者から融点が低いこと，後者からイオン化傾向が大きいことがわかります。

　水で湿らせたろ紙にナトリウムを置くと，反応熱でナトリウム自身が燃える現象を観察できます。ナトリウムの炎色反応もわかります。炎色反応は，リチウムやナトリウムを試験管に入れた水と反応させた後，ガスマッチで水素に点火させる時，炎の色に着目させるとよい。カリウムの場合は，水と反応する際，紫色の炎を出しながら燃えることがわかります。

（担当　渡部智博　飯田寛志）

COLUMN

資質・能力の育成の先進国ドイツの化学教育 ―教育スタンダード・化学の課題事例―

寺田　光宏
（岐阜聖徳学園大学 教授）

ドイツは2000年前後のPISA等の国際学力調査の成績低迷の対策として、2004年12月に各州文部大臣会議で「教育スタンダード」（前期中等学校修了）を策定した。科学は3教科（物理、化学、生物：地学の内容は3教科に分散含有）で連邦統一的なコンピテンシー指向の教育スタンダードを導入した。これは、「教科としての陶冶価値」、「化学のコンピテンシー領域」、「各領域のスタンダード」、「課題事例」から構成されている。

教科としての陶冶価値は生徒および教員が化学を学ぶ意義からなる。化学のコンピテンシー領域は、基本概念を整理する専門知識（F）、実験等の探究方法やモデルを活用する認識獲得（E）、情報を事象や専門に関連づけて解明交換するコミュニケーション（K）、さまざまな文脈において物理の事態を認識し、評価する評価（B）からなる。

特に、この教育スタンダードの中の「課題事例」は、州ごとの中核カリキュラム作成の基盤となっている。図は「課題事例」の例であり、文脈に基づく学習の授業形態を示し、単なる参考的な事例ではなく、コンピテンシーと教科内容を関係づけ、授業構成・評価の核心となるべく授業デザインの基盤となっている。現地で調査したところ、若手教員が中心となり課題事例のような授業を行っている現状があり、以前の授業形態からの変更があることが明らかになった。また、課題事例には、脱石灰（カルキ除）、液化メタンガスライターの機能、アイスマン「エッツィ」の銅の斧、バイオディーゼルと軽油の比較、融雪剤と腐食などがある。

図　「課題事例」の例

参考文献

遠藤優介, 寺田光宏, 後藤顕一, ドイツ, 研究代表者 梅澤敦, 資質・能力を育成する教育課程の在り方に関する研究　報告書3　諸外国の教育課程と学習活動（理科編）, 32〜43, 国立教育政策研究所（2016）.

第11章 混成軌道

●この単元を学習する意義

電子殻に加え，原子軌道，軌道の重なり，sp^3 混成軌道，sp^2 混成軌道，sp 混成軌道，σ 結合，π 結合などの新たな知識を活用することによって，分子の構造を説明できるようになること。

■KEYWORD：電子殻，原子軌道，軌道の重なり，軌道のエネルギー（軌道のエネルギー準位），混成軌道

●育成すべき資質・能力

知識及び技能	電子殻，原子軌道，軌道の重なり，軌道のエネルギー（軌道のエネルギー準位），混成軌道等を理解する力
思考力，判断力，表現力等	電子殻，原子軌道，軌道の重なり，軌道のエネルギー（軌道のエネルギー準位），混成軌道等の知識を活用して，分子の構造を説明する力
学びに向かう力等	主体的に学習に取り組む態度

1 探究の過程を踏まえた学習指導の概要例

ここでは，原子軌道，混成軌道などの知識を活用することによって，「化学基礎」で学習した共有結合についての理解を深め，分子の構造について説明できるようになることを目指す。

学習指導要領解説には，「炭素原子の電子配置の資料を示して，メタンが正四面体形である理由について，電子配置と構造とを関連付けて触れることも考えられる」と示されている。このことから，これまでに学習した内容に加え，新たな知識を活用することによって，物質の構造について説明することができる範囲が広がることを実感させるとともに，説明限界があることに気付かせるようにする。化学基礎では分子の極性を学び，それが物質の化学的性質に関係していることがわかるようになった。化学では，分子構造の学習が有機化学の反応の理解にもつながることに気付かせたい。

探究の視点		学習指導の概要	資質能力の例
課題の把握（発見）	自然事象に対する気付き	・ボーアモデル，オクテット則（既習事項）を振り返る。 ・ボーアモデルには説明限界がある。	●必要な情報を抽出・整理する力
	課題の設定	・「各電子殻への電子の最大収容数だけではすべての原子の電子配置を説明することができないのではないか」（説明限界❶）。	●見いだした関係性や傾向から，課題を設定する力
	（必要な知識・概念）	・原子軌道 ・電子殻と原子軌道との対応 ・原子軌道のエネルギー準位 ・原子軌道への電子の配置	
課題の解決	考察・推論 表現・伝達	・原子軌道の知識を活用して，原子やイオンの電子配置を説明する。	●事象や概念などに対する新たな知識を再構築したり獲得したりする力 ●考察・推論したことや結論を発表したり，レポートにまとめたりする力
課題の把握（発見）	課題の設定	・「分子の形と原子軌道や電子配置は関係があるのだろうか」	●見いだした関係性や傾向から，課題を設定する力
	（必要な知識・概念）	・原子によって共有結合する方向が決まっている。 ・原子が共有結合する方向は，原子軌道の形が関係している。 ・s軌道，p軌道の形 ・原子軌道の重なりと共有結合 ・水分子は折れ線形，アンモニア分子は三角錐形 ・メタン分子は正四面体形，分子式 CH_4	
課題の解決	考察・推論 表現・伝達	・原子軌道の知識を活用して，水分子，アンモニア分子，メタン分子の形状を説明する。 ・メタン分子の形と分子式が説明できない。	●観察・実験の結果を分析・解釈する力 ●考察・推論したことや結論を発表したり，レポートにまとめたりする力
課題の把握（発見）	課題の設定	・「原子軌道の形やエネルギー準位では，すべての分子の形を説明することができないのではないか」（説明限界❷）。 ・炭素原子のL殻電子と水素原子のK殻電子の共有結合でメタンの分子式 CH_4 を説明することはできたのに，原子軌道ではうまく説明できないのはなぜだろう。	●見いだした関係性や傾向から，課題を設定する力
	（必要な知識・概念）	・sp^3 混成軌道により，メタン分子の形を説明することができる。	
	課題の設定	・「sp^3 混成軌道によって，他の分子の形も説明することができるのではないか」	●見いだした関係性や傾向から，課題を設定する力

課題の解決	考察・推論 表現・伝達	・sp³ 混成軌道により，エタン分子の形を説明する。 ・二重結合を含むエテン分子，三重結合を含むエチン分子の形を説明することができないのではないか（説明限界❸）。	●観察・実験の結果を分析・解釈する力 ●考察・推論したことや結論を発表したり，レポートにまとめたりする力
課題の把握（発見）	（必要な知識・概念）	・sp² 混成軌道と二重結合 ・sp 混成軌道と三重結合 ・σ結合とπ結合	
	課題の設定	・sp², sp 混成軌道によって，エテン分子，エチン分子の形を説明することができるのではないか。	●見いだした関係性や傾向から，課題を設定する力
課題の解決	考察・推論 表現・伝達	・sp³, sp², sp 混成軌道を用いて，エテン分子，エチン分子の構造を説明できる（課題の解決）。	●観察・実験の結果を分析・解釈する力 ●考察・推論したことや結論を発表したり，レポートにまとめたりする力

COLUMN

電子の波動性と軌道

長谷川 正
（東京学芸大学 理事・副学長）

　光学顕微鏡を使うと約1500倍まで物を拡大できるが，光（可視光線）の代わりに電子を用いる電子顕微鏡を使うと，約100万倍まで拡大できる。電子顕微鏡のしくみは光学顕微鏡とほぼ同じで，電子は質量 9×10^{-31} kg の粒子だが，光と同じ波動の性質を持つため電子顕微鏡で物を拡大できる。

　電子は粒子性と波動性を持っている。しかし，これを同時に説明するのは困難で，原子軌道の形が理解し難いのもこのためである。p軌道は原子核を挟んで両側に三次元的に広がった8の字形をしている（本文P.188の図参照）。この空間は電子が存在できる領域を表しており，この空間の外側では電子は存在しない。p軌道に電子が1つ入った場合でも，電子は8の字形の全空間内を動き回っている。このことは，電子を粒子と考えると，電子は原子核を通過できないので説明できない。電子を $\sin x$ $(0 \leqq x \leqq 2\pi)$ の波動と考え，$x = \pi$ に原子核があり，x 軸を中心に $\sin x$ を1回転させたのがp軌道と考えると，不思議な形も理解できる。

　軌道を電子が存在できる三次元的空間として理解すると，分子の形が説明でき，さらには，暗記の対象になりがちな有機反応も，軌道の変形（分極）まで考えると論理的に説明できるようになる。

第 11 章 混成軌道 181

探究の視点

既習の知識では説明することができない事項について、新たな概念を導入して克服するという過程を追う展開としている。

説明限界❶	カリウム電子配置	カルシウム電子配置
ボーアモデル	×	×
原子軌道	○	○

「化学基礎」で学習した電子殻では、カリウム、カルシウムの電子配置が M 殻の最大電子収容数に達していないにもかかわらず N 殻に電子が配置されることを説明できないが、原子軌道の知識を用いると、カリウム、カルシウムの電子配置も説明することができる。

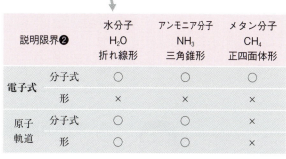

説明限界❷		水分子 H_2O 折れ線形	アンモニア分子 NH_3 三角錐形	メタン分子 CH_4 正四面体形
電子式	分子式	○	○	○
	形	×	×	×
原子軌道	分子式	○	○	×
	形	○	○	×

「化学基礎」で学習した電子殻の知識で、水分子やアンモニア分子、メタン分子の分子式を説明することができるが、分子の形を説明することができない。原子軌道（s 軌道, p 軌道）の知識だけでは、メタン分子の分子式と形を説明することができない。

説明限界❸		メタン分子 正四面体形	エタン分子 正四面体形×2 単結合のみ	エテン分子 平面形 二重結合含む	エチン分子 直線形 三重結合含む
sp^3 混成軌道	形	○	○	×	×

エテン分子は平面形、エチン分子は直線形となるが、このことは sp^3 混成軌道では説明することができない。

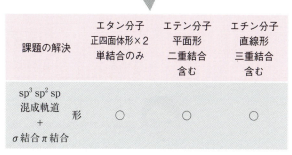

課題の解決		エタン分子 正四面体形×2 単結合のみ	エテン分子 平面形 二重結合含む	エチン分子 直線形 三重結合含む
sp^3 sp^2 sp 混成軌道 + σ 結合 π 結合	形	○	○	○

sp^3 sp^2 sp 混成軌道 + σ 結合 π 結合により、これらを説明することができる。

2 探究の過程を踏まえた学習展開の例
①自然事象に対する気付き（必要な知識・概念），課題の設定

「化学基礎」では，原子の電子殻にはK殻，L殻，M殻などがあり，各電子殻に最大数の電子が収容された状態を閉殻と呼び，安定な電子配置であることを学習しました。

・次の原子やイオンの電子配置について，生徒に問う。

閉殻の例

電子殻	K	L	M	N	電子殻	K	L	M	N
最大収容数	2	8	18	32	最大収容数	2	8	18	32
He	2				Mg^{2+}	2	8		
Li^+	2				F^-	2	8		
Ne	2	8			O^{2-}	2	8		
Na^+	2	8							

この他，電子配置が閉殻となる原子やイオンにはどのようなものがあるでしょうか。

・次の原子やイオンの電子配置について，生徒に問う。

電子殻	K	L	M	N	電子殻	K	L	M	N
最大収容数	2	8	18	32	最大収容数	2	8	18	32
Ar	2	8	8		Cl^-	2	8	8	
K^+	2	8	8		S^{2-}	2	8	8	
Ca^{2+}	2	8	8						

これらの原子やイオンは閉殻ではないにもかかわらず安定して存在しています。さらに，次の原子はM殻に電子が配置される余地があるにもかかわらず，次のN殻に電子が入る電子配置となっています。

電子殻	K	L	M	N
最大収容数	2	8	18	32
K	2	8	8	1
Ca	2	8	8	2

> 各電子殻への電子の最大収容数だけではすべての原子の電子配置を説明することができないのではないか。

そうなのです，なぜこのような電子配置となるかは，これまでの知識では説明ができないため，新たな考え方を導入する必要があるのです。

・電子殻についての新たな資料を示す。

(1) 電子殻には，K殻，L殻，M殻，N殻などがあり，この順でエネルギー準位が高くなる。

理解が進んでいる生徒に対して

閉殻の電子配置をもつ原子やイオンを生徒に挙げさせ，電子配置とともにその安定性について話し合わせたり，発表させたりすることが考えられる。

支援を必要としている生徒に対して

ボーアモデルによる電子配置図について，Neと同様の電子配置となるイオンを挙げさせ，話し合わせた上で発表させることによって，既習事項を確認させるなどが考えられる。

実践上のポイント

高等学校「化学基礎」における電子配置に関連する内容として，高等学校物理の「原子とスペクトル」において，ボーアの原子モデルについて学習する。

実践上のポイント

M殻が最大収容数18の電子で満たされる前に，N殻に電子が収容されることを扱い，疑問を持たせるとともに，これまでに学習した事項には説明限界があることに気付かせることが重要である。

(2) K殻には1s軌道, L殻には2s軌道と3つの2p軌道, M殻には3s軌道と3つの3p軌道と5つの3d軌道があり, 多電子原子では, s, p, dの順で軌道のエネルギーが高くなる。例えば, 電子が収容されるとL殻の2s軌道と3つの2p軌道は同じエネルギー準位ではなく, 2s軌道よりも3つの2p軌道の方がわずかに高いエネルギー準位（副殻）として存在しているということである。

(3) 1つの原子軌道には2個までの電子を収容できる（パウリの排他原理）。

(4) 電子はエネルギーの低い軌道から収容されるが, 同じエネルギー準位の軌道（例えば, 3つの2p軌道）には, 不対電子の数が最大になるように電子が収容される（フントの規則）。

・電子殻と原子軌道との対応

電子殻 収容数	K 2	L 8		M 18			N 32			
原子軌道	1s	2s	2p	3s	3p	3d	4s	4p	4d	4f
軌道数	1	1	3	1	3	5	1	3	5	7
収容数	2	2	6	2	6	10	2	6	10	14

・多電子原子の軌道エネルギー準位

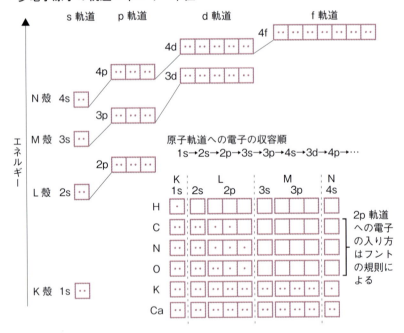

② 考察・推論, 表現・伝達

原子軌道のエネルギー準位についての知識を活用して, 他の原子やイオンの電子配置を説明してみよう。

実践上のポイント

「化学基礎」で扱った電子殻の知識を拡張し，新たに原子軌道に関する考え方を示す場面である。

（1）～（4）の事項は，化学基礎で学習した電子殻の知識と対応させて示すことが重要である。

（2）の電子殻と原子軌道との対応では，各電子殻の電子の最大収容数と原子軌道への電子配置との関係を明らかにするものであり，（2）～（4）では電子の原子軌道のエネルギー準位と電子の収容順との関係を示すものである。

なお，パウリの排他原理とフントの規則は扱うが，電子スピンは扱わない。

実践上のポイント

K や Ca の電子配置を取り上げ，原子軌道のエネルギー準位順に電子を配置することによって，M 殻の最大収容数を満たす前に N 殻に最大 2 つまで電子が収容されることを確かめ，「化学基礎」で学習した電子殻の知識と関連付けて理解を促すことが大切である。

原子軌道を学ぶ

実践上のポイント

「化学基礎」で学習する電子式と原子軌道への電子の収容のされ方を関連付けて示すとともに，炭素の電子式は P.192 で示す sp^3 混成軌道への電子の収容のされ方と関連付けて示すことが考えられる。

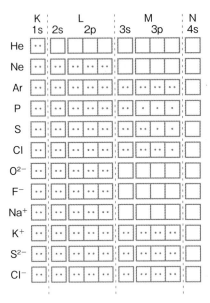

「化学基礎」で学習した電子殻に加え，原子軌道への電子配置の知識を用いると，カリウム，カルシウムの電子配置も説明することができます。

説明限界❶	カリウム 電子配置	カルシウム 電子配置
ボーアモデル	×	×
原子軌道	○	○

・次の原子やイオンの電子配置について，生徒に問う。

M殻は最大で18個の電子を収容できますが，KやCaの原子やイオンにおいてM殻は閉殻とはなっていません。にもかかわらず安定して原子やイオンが存在しています。これは，3s軌道に2個，3p軌道に6個の電子が収容された後は3d軌道に電子が入るよりも4s軌道に電子が入ることが安定だということなのです。

③自然事象に対する気付き（必要な知識・概念），課題の設定

次に，原子軌道と共有結合との関係について考えます。
原子が共有結合してできた分子には決まった形があることは，「化学基礎」で学習しました。例えば，水分子は折れ線形，アンモニア分子は三角錐形などです。

分子の形と原子軌道や電子配置は関係があるのだろうか。

分子の形が決まっているということは，原子によって共有結合する方向が決まっていることを示しています。しかし，化学基礎で学習した電子殻の知識では，原子が共有結合する方向を予想することができません。
原子軌道にはそれぞれ特有な形があることがわかっています。原子が共有結合する方向は，原子軌道の形が関係しているのです。

・原子軌道についての新たな資料を示す。

理解が進んでいる生徒に対して

原子番号 20 の Ca までの原子やイオンを扱い,第 2 周期と第 3 周期の原子やイオンの電子配置を比較して,共通点や相違点,関係性や規則性を見いださせて表現させることなどが考えられる。

支援を必要としている生徒に対して

第 2 周期までの原子やイオンを中心に扱い,発展として,Cl,Ar,K の電子配置について扱うことなどが考えられる。

実践上のポイント

ボーアモデルによる説明限界と,原子軌道により説明できる範囲の広がりを,生徒に意識させることが大切である。

実践上のポイント

亜鉛が遷移元素に分類されることについて,3d 軌道への電子配置と関連付けて扱うことも考えられる。

- 事象や概念などに対する新たな知識を再構築したり獲得したりする力
- 考察・推論したことや結論を発表したり,レポートにまとめたりする力

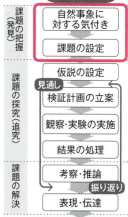

- 必要な情報を抽出・整理する力
- 見いだした関係性や傾向から,課題を設定する力

ウエイト
トレーニング用
鉄アレイ

原子軌道の形の例

s軌道　　p$_x$軌道　　p$_y$軌道　　p$_z$軌道

 s軌道は球，p軌道は軸対称の鉄アレイ型をしています。また，p軌道は軸の方向が直交（90°）する異なる3つの軌道があります。

K殻には1s軌道，L殻には2s軌道，2p$_x$軌道，2p$_y$軌道，2p$_z$軌道が対応しますが，ボーアモデルの電子殻の球面内に球状の2s軌道と鉄アレイ型をした2p軌道が存在するということではありません。s軌道やp軌道の形を考えるときは，ボーアモデルの電子殻とはまったく別のモデルであると理解してください。

水分子は酸素原子の2p$_x$軌道，2p$_y$軌道と水素原子の1s軌道の不対電子がそれぞれ共有結合することから，折れ線形となります。

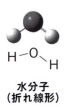

水分子
（折れ線形）

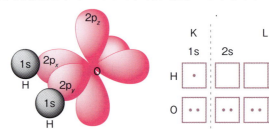

 ④考察・推論，表現・伝達

原子軌道を用いて，アンモニア分子の形を説明してみよう。

 アンモニア分子は窒素原子の2p$_x$軌道，2p$_y$軌道，2p$_z$軌道と3つの水素原子の1s軌道がそれぞれ重なって共有結合を形成し三角錐形となる。

アンモニア分子
（三角錐形）

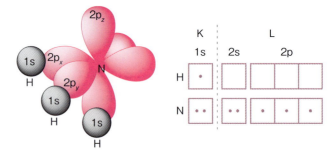

 「化学基礎」で学習した分子の形を説明することができますね。

 原子軌道を用いて，メタン分子の形を説明してみよう。

第 11 章　混成軌道　189

実践上のポイント

s 軌道と p 軌道の形や，s 軌道は p 軌道よりも原子殻に近いなどのイメージを持たせることが大切である。なお，原子軌道の形は定性的に表現し，その形がわかりやすいように示している。

実践上のポイント

原子軌道を用いると，水分子やアンモニア分子の形をある程度説明できることを実感させることが大切である。なお，水分子の結合角，アンモニア分子の結合角が 90°よりも大きいことに気付く生徒がいる場合は，「化学基礎」で学習した分子の分極により，$δ^+$ に電荷がかたよった水素原子どうしが反発することを示して説明することも考えられる。また，アンモニア分子の窒素原子，水分子の酸素原子も P.192 で示す sp^3 混成軌道を形成し，非共有電子対には水素原子が結合しないことからアンモニア分子は三角錐形，水分子は折れ線形となり，非共有電子対の空間的な位置関係も分かること，さらに，分子中の共有電子対や非共有電子対は互いに反発し合うことと，その反発力は，

非共有電子対どうし ＞ 非共有電子対と共有電子対 ＞ 共有電子対どうし

となること（VSEPR 理論）[*1] から，結合角が，

メタン分子 ＞ アンモニア分子 ＞ 水分子

となることを扱うことも考えられる。

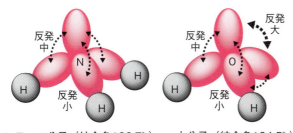

アンモニア分子（結合角106.7°）　　水分子（結合角104.5°）

探究の過程

学習過程例（探究の過程）
見通しと振り返りの例

課題の把握（発見）
- 自然事象に対する気付き
- 課題の設定

課題の探究（追究）
見通し
- 仮説の設定
- 検証計画の立案
- 観察・実験の実施
- 結果の処理

課題の解決
振り返り
- 考察・推論
- 表現・伝達

次の探究の過程

● 事象や概念などに対する新たな知識を再構築したり獲得したりする力
● 考察・推論したことや結論を発表したり，レポートにまとめたりする力
● 見いだした関係性や傾向から，課題を設定する力

[*1] 原子価殻電子対反発理論（Valance Schell Electron Pair Repulsin Theory）。

メタン分子
(正四面体形)

メタン分子の分子式は CH_4 で正四面体のはずなのに、水分子やアンモニア分子と同様に考えると、CH_2 となって折れ線形になってしまう？

⑤課題の設定

> 原子軌道の形やエネルギー準位だけではすべての分子の形を説明することができないのでは？

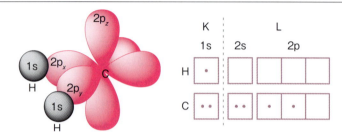

そうです、原子軌道の形だけでは、分子の形について説明できる限界があります。
メタン分子は、水分子やアンモニア分子と同様に考えると、分子式が CH_2 となってしまい、うまく説明することができません。

> 炭素原子のL殻電子と水素原子のK殻電子の共有結合でメタンの分子式 CH_4 は説明することができたのに、原子軌道でうまく説明できないのはなぜだろう。

「化学基礎」で学習した電子式で、水分子やアンモニア分子、メタン分子の分子式は説明することができました。しかし、分子の形は説明することができません。
また、原子軌道の知識で、水分子、アンモニア分子の分子式と形を説明することができました。しかし、メタン分子の分子式と形を説明することができないのです。

説明限界❷		水分子 H_2O 折れ線形	アンモニア分子 NH_3 三角錐形	メタン分子 CH_4 正四面体形
電子式	分子式	○	○	○
	形	×	×	×
原子軌道	分子式	○	○	×
	形	○	○	×

そこで、メタン分子の形を説明するために、**混成軌道**という概念が考えだされました。

実践上のポイント

s軌道，p軌道だけではメタン分子のように，形だけでなく分子式もうまく説明できないものがあることに気付かせ，疑問を持たせることが大切である。

実践上のポイント

電子式では説明することができなかった水分子やアンモニア分子の形を原子軌道により説明することができる。しかし，メタン分子の例のように説明限界もあることを扱い，理論の限界とそれを解決するための新たな考えの必要性について気付かせることが大切である。

●見いだした関係性や傾向から，課題を設定する力

原子軌道でメタンの分子式を説明することができない？

・混成軌道について，新たな資料を示す。

炭素原子を 4 価にするために，2s 軌道の電子 1 個を $2p_z$ 軌道に入れ，2s 軌道と 3 つの 2p 軌道とすると，4 本の結合手ができます。しかし，これでは 4 本の結合手が等価ではないので，2s 軌道と 3 つの 2p 軌道を混合（混成）して平均化すると，同じエネルギー準位の 4 本の等価な sp^3 混成軌道ができます。sp^3 混成軌道にはそれぞれ 1 個ず

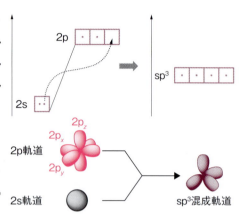

つ電子が収容されることから，これが電子が 1 個入った水素原子の 1s 軌道と重なって共有結合を形成するとメタン分子 CH_4 となります。
メタン分子は 4 組の C—H 結合が正四面体の頂点に向かった形となり，結合角は 109.5° になります。

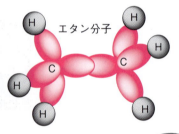
メタン分子（結合角109.5°）

⑥ **課題の設定**

sp^3 混成軌道によって，他の分子の形も説明することができるのではないか？

⑦ **考察・推論，表現・伝達**

sp^3 混成軌道によって，エタン（C_2H_6）分子の形を説明してみよう。
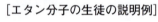
[エタン分子の生徒の説明例]

エタン分子は，炭素原子の sp^3 混成軌道と，水素原子の 1s 軌道が重なって形成した C—H 結合と，隣り合った炭素原子の sp^3 混成軌道どうしが重なって形成した C—C 結合からできています。

*1 丸善出版製作の分子構造模型。

・生徒が HGS 分子構造模型[*1]でエタン分子をつくる。
エタン分子は炭素—炭素結合軸の周りに回転することができることがわかりますか。
次に，分子模型によりエテン[*2]（C_2H_4）分子，エチン[*2]（C_2H_2）分子をつくってみましょう。

*2 慣用名ではエチレン，アセチレンという。

・HGS 分子構造模型でエテン分子，エチン分子をつくる。

実践上のポイント

炭素原子の2s軌道にある2個の電子のうち,1個を2p軌道に昇位させ,2s軌道と3つの2p軌道との混合(混成)により生じた4つのsp^3混成軌道の関係を示したものである。

昇位するためにエネルギーが必要であることに気付く生徒に対しては,s軌道とp軌道が混成するとp軌道の一方が膨らんだ形となり,その膨らんだ部分と水素の軌道が重なるとp軌道だけで重なった時よりも重なり度合いが大きくなって強固な結合となり,昇位に必要なエネルギーを十分補うだけの大きな結合安定化エネルギーが放出されることに触れることが考えられる。

実践上のポイント

HGS分子構造模型などを活用して,分子の立体的な構造をイメージさせた上で,その構造をどのようにして説明できるかを考えさせ,関心を持たせる工夫をすることが大切である。なお,分子模型については棒球モデル,空間充填モデル,ワイヤー・モデルなどがあることを生徒に紹介することも考えられる。

実践上のポイント

エタン分子が炭素—炭素結合軸の周りに回転することができる理由として,C—C結合の結合軸は2つの炭素原子の原子核を結んだ軸と一致しているため,この軸を中心に回転させても軌道の重なりが変化しないことに触れることが考えられる。

メタン分子やエタン分子は単結合だけでできた分子ですが，エテン分子やエチン分子のように，二重結合，三重結合をもつ分子はどのように考えたらいいでしょうか。エテン分子は平面形，エチン分子は直線形となることがわかっていますが，このことはsp³混成軌道では説明することができません。

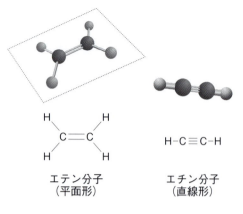

エテン分子
（平面形）

エチン分子
（直線形）

そのためには，さらに混成軌道についての考えを広げる必要があります。

説明限界❸	メタン分子 正四面体形	エタン分子 正四面体形×2 単結合のみ	エテン分子 平面形 二重結合含む	エチン分子 直線形 三重結合含む
sp³混成軌道　形	○	○	×	×

⑧課題の設定

・混成軌道について，新たな資料を示す。

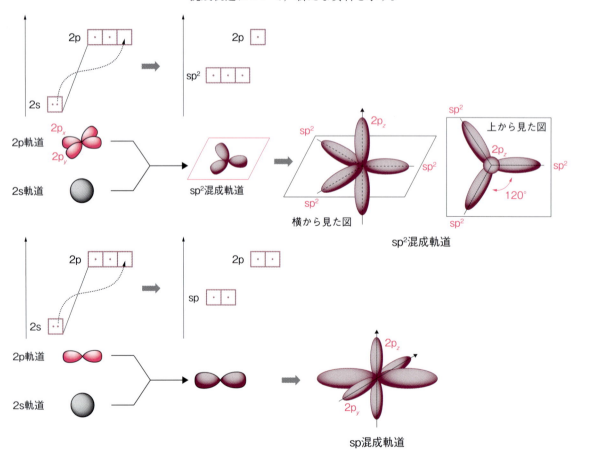

二重結合，三重結合とは？

実践上のポイント

二重結合，三重結合を含む分子の形を説明するためには，さらに新しい考えを導入する必要があり，分子の形を説明するために新たな考えを積み重ねてきた，ここまでの展開を振り返らせることも考えられる。

実践上のポイント

sp^2 混成軌道については，横から見た場合と真上から見た場合の図とともに，HGS 分子構造模型などを活用して，その立体的な構造をイメージさせることが大切である。

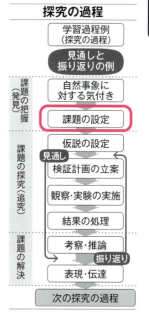

炭素原子の 2s 軌道の電子を 1 個 2p 軌道に入れ，2s 軌道と 2 つの 2p 軌道が混ざると，同じエネルギー準位をもつ 3 本の等価な sp² 混成軌道ができ，残りの 2p 軌道 1 つはそのまま残ります。

3 本の sp² 混成軌道は同一平面上で互いに 120°の位置にあり，これらの軌道が 2 つの水素の 1s 軌道と別の炭素の sp² 軌道と重なって共有結合を形成すると，3 本の結合が結合角 120°で同一平面上に位置する構造となります。

炭素原子の 2s 軌道の電子を 1 個 2p 軌道に入れ，2s 軌道と 1 つの 2p 軌道が混ざると，同じエネルギー準位をもつ 2 本の等価な sp 混成軌道ができ，残りの 2p 軌道 2 つはそのまま残ります。

2 本の sp 混成軌道は直線上の位置にあり，これらの軌道が 1 つの水素の 1s 軌道と別の炭素の sp 軌道と重なって共有結合を形成すると 2 本の結合が直線上に位置する構造となります。

sp² 混成軌道，sp 混成軌道が構成される場合，残りの 2p 軌道の 1 つが隣の炭素の 2p 軌道と並行に並ぶと，軌道どうしが重なります。ただ，この時の重なりは，2 つの炭素原子の核を結んだ方向ではなく，この方向とは垂直となります。このため，後者は前者よりも軌道の重なりの度合いが少なく，弱い結合となります。前者を **σ結合**，後者を **π結合** と言います。炭素－炭素結合が，σ 結合 1 つと π 結合 1 つからなる結合が二重結合で，σ 結合 1 つと π 結合 2 つからなる結合は三重結合です。

> sp² 混成軌道，sp 混成軌道によって，エテン分子やエチン分子の形を説明することができるだろうか。

・生徒にエテン分子，エチン分子の分子模型を示す。

エテン分子の炭素原子，水素原子が同一平面上にある構造となっていること，エチン分子の炭素原子，水素原子が直線上に並んだ構造となっていることがわかりますか。

⑨考察・推論，表現・伝達

sp³，sp²，sp 混成軌道を用いて，エテン分子，エチン分子の構造を説明してみよう。

【エテン分子の生徒の説明例】

エテン分子では，炭素原子の sp² 混成軌道と，水素原子の 1s 軌道が重なって C－H 共有結合を，炭素原子の sp² 混成軌道どうしが重なって C－C 共有結合を形成し，炭素原子と水素原子が同一平面上に位置する構造となりました。

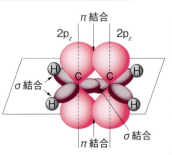

実践上のポイント

sp 混成軌道，sp^2 混成軌道，sp^3 混成軌道と，2s 軌道，3つの 2p 軌道の形を比較し，その関係性や規則性について，生徒が見いだす展開とすることが大切である。

実践上のポイント

二重結合，三重結合と原子軌道との関係を扱う重要な場面であることから，HGS 分子構造模型や映像資料などを活用し，生徒の理解を促すことが大切である。

分子の形を考える

分子中の原子核どうしを結ぶ直線方向の共有結合はσ結合です。sp^2 混成軌道に関わらない $2p_z$ 軌道は，隣の炭素原子の $2p_z$ 軌道と重なり共有結合をつくります。炭素—炭素間の結合軸に対して垂直方向を向くp軌道どうしの共有結合はπ結合です。

二重結合は，1本のσ結合と1本のπ結合からなり，π結合に関係した電子は，炭素—炭素間のσ結合軸に対して垂直方向の上下に広がっています。炭素—炭素間の結合は，σ結合とπ結合で結合していて，C—Cを軸として回転させるとπ結合が切れてしまうため，炭素—炭素結合軸の周りに回転することができません。これが，立体異性体の一つであるシス—トランス異性体が存在する要因となります。

【エチン分子の生徒の説明例】

エチン分子では，炭素原子のsp混成軌道と水素原子の1s軌道が重なってC—H結合を形成し，隣り合った炭素原子のsp混成軌道どうしが重なってC—C結合を形成し，炭素原子と水素原子が直線上に位置する構造です。sp混成軌道に関わらない $2p_y$ 軌道，$2p_z$ 軌道は，隣の炭素原子の $2p_y$ 軌道，$2p_z$ 軌道と重なりπ結合をつくります。

三重結合は1本のσ結合と2本のπ結合からなり，炭素—炭素間のσ結合軸に対して垂直方向を向く $2p_y$ 軌道と $2p_z$ 軌道は，互いに直交します。

π結合に関係した電子は，炭素−炭素間のσ結合軸に対して垂直方向に広がり，炭素原子と水素原子は直線上で結合します。炭素—炭素間の結合は，単結合とは異なり，σ結合とπ結合で結合していることから，炭素—炭素結合軸の周りに回転することができません。

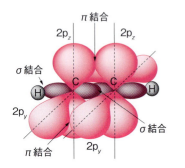

課題の解決	エタン分子 正四面体形×2 単結合のみ	エテン分子 平面形 二重結合 含む	エチン分子 直線形 三重結合 含む
sp^3 sp^2 sp 混成軌道 + σ結合 π結合 　形	○	○	○

他の分子も混成軌道やσ結合，π結合で分子の構造を説明することができます。挑戦してみてはいかがでしょうか。

実践上のポイント

エテン分子，エチン分子を例に，二重結合や三重結合を含む分子の構造と性質を sp^2, sp 混成軌道により説明できることを示す展開としている。

三重結合を含む分子やベンゼン環など，他の分子の構造や性質も説明できる可能性を感じさせることが大切である。

実践上のポイント

HGS 分子構造模型を用いて，エチン分子を作製させながら，構造や性質について話し合わせた上で発表させるなど，生徒が主体的に課題に取り組み，自ら考え，課題を解決することができるような展開の工夫をすることが大切である。

実践上のポイント

分子の形を説明するために，これまでに導入した新たな考えについて，説明限界とその克服の過程を振り返らせることにより，化学における理論とその活用を実感させることが大切である。

理解が進んでいる生徒に対して

炭素数が 3 以上の鎖式炭化水素や環式炭化水素について扱うことなども考えられる。また，二酸化炭素分子の構造を炭素原子の sp 混成軌道と酸素原子の sp^2 混成軌道の重なりを考えて説明させるなども考えられる。

また，炭素原子の sp^3, sp^2, sp 混成軌道について，多重結合になるほど原子核に近い軌道である s 軌道の割合が高くなることから，炭素一炭素間の結合の距離は，

単結合（0.154 nm） ＞ 二重結合（0.134 nm） ＞ 三重結合（0.120 nm）

のように，結合の次数が大きいほど結合距離は短くなり，結合が強くなることに触れることも考えられる。

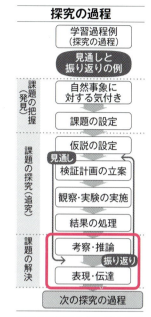

本授業におけるルーブリック例

	A	B	C
①電子殻，原子軌道，混成軌道等を理解できているか。	電子殻，原子軌道，混成軌道等を十分に理解できている。	電子殻，原子軌道，混成軌道等を理解できている。	電子殻，原子軌道，混成軌道等を理解できていない。
②電子殻，原子軌道，混成軌道等の知識を活用して，分子の構造を説明することができているか。	電子殻，原子軌道，混成軌道等の知識を活用して，分子の構造を適正に説明することができている。	電子殻，原子軌道，混成軌道等の知識を活用して，分子の構造を説明することができている。	電子殻，原子軌道，混成軌道等の知識を活用して，分子の構造を説明することができていない。
③主体的に学習に取り組んでいるか。	振り返りながら，見通しをもって，粘り強く学習に取り組もうとしている。	粘り強く学習に取り組もうとしている。	粘り強く学習に取り組もうとしていない。

※なお，ルーブリックの規準・基準は生徒の実態に応じて設定することが考えられる。

3 執筆者のコメント，授業の展望

　高等学校学習指導要領（平成30年告示）解説理科編では，「典型元素」において，カリウム原子がM殻の最大収容数の電子で満たされる前にN殻に電子が収容される理由や，塩化物イオンがM殻の最大収容数の電子で満たされていなくても安定に存在できる理由に触れることも考えられるとされています。また，「炭化水素」において，炭素原子の電子配置の資料を示して，メタンが正四面体形である理由について，電子配置と構造とを関連付けて触れることも考えられると示されています。これらにより，化学基礎で学んだ電子配置では説明できないが原子軌道により説明できる範囲が広がる，ということを扱えるようになりました。化学教育における高等学校と大学の円滑な接続のために，原子軌道で原子の電子配置や分子の構造を説明することは重要であると考えます。そこで，この実践ではこれまでに学習した知識では説明できないことについて，新たな知識を導入し，これまでの知識と関連付けて説明を進める，次のような展開としました。

①化学基礎で学習した電子配置におけるK殻，L殻，M殻などの電子殻には副殻があり，s軌道，p軌道，d軌道などの原子軌道が対応している。
②無機物質における典型元素の性質が周期表に基づいて整理できることを扱う際に，カリウム原子では，M殻が最大収容数の電子で満たされる前にN殻に電子が収容される理由や，塩化物イオンでは，M殻が最大収容数の電子で満たされていなくても安定に存在できる理由について，原子軌道への電子配置で説明できることに触れる。
③原子軌道にはその種類に応じた特有な形状があることを扱い，原子軌道

が重なって共有結合を形成することにより分子が特有な形となることを示す。

④炭素原子の原子軌道による電子配置の資料を示して，sp^3 混成軌道により，メタンの分子式とその形が正四面体であることが説明できるということを示す。

⑤sp^3 混成軌道により，エタンの形も説明することができるが，エテン，エチンの形は説明することができないことを扱い，新たに sp^2，sp 混成軌道の資料を示す。

⑥分子中で結合している原子の原子核どうしを結ぶ軸方向の共有結合が σ 結合，結合軸に対して垂直方向を向いた p 軌道どうしが重なり合うことで生じる共有結合が π 結合と呼ばれることに触れ，sp^3，sp^2，sp 混成軌道によりアルカン，アルケン，アルキンの構造を説明することができることを扱う。その構造は，分子模型を用いて確かめる。その際，立体異性体としてシス－トランス異性体についても触れる。

　新しい知識とこれまでに学習した知識を関連付けると，分子の構造を詳しく説明できるようになります。その新しい知識でも説明できないことに遭遇したら，さらにそれを克服するための新たな知識を導入していく授業を展開することによって，生徒は新たな知識を既習の知識と関連させながら自分で使える知識とし，原子の電子配置や分子の構造について理解を深めていくことができるようになります。

　いたずらに高度で深い内容を扱うことは避けなければなりませんが，量子力学を用いることなく，原子軌道や混成軌道の知識を活用することにより，分子の構造を説明できるようになります。高等学校化学が単なる暗記科目ではないということを生徒が実感し，物質に対する理解が深まることを期待しています。

（担当　飯田寛志）

参考文献

長谷川正『ポピュラーサイエンス　化学結合と反応のしくみ』裳華房，27〜54（1995）．

D. F. Shriver, P. W. Atkins 著, 玉虫怜太, 佐藤弦, 垣花眞人訳『シュライバー無機化学（上）（第3版）』東京化学同人，17〜126（2001）．

文部科学省『高等学校学習指導要領解説　理科編　理数編』実教出版，105〜107（2018）．

第12章 有機化合物の同定

●この単元を学習する意義

有機化合物の性質，反応，合成などの知識を活用し，未知試料の性質を調べる実験計画を立案して未知試料の同定に取り組むことにより，同定した有機化合物とその根拠を表現できるようになること。

■KEYWORD：**有機化合物の性質，反応，合成**

●育成すべき資質・能力

知識及び技能	有機化合物の性質，有機化合物の反応等を理解する力
思考力，判断力，表現力等	未知の有機化合物を同定するために，実験を計画する力 実験結果や与えられた情報を活用して妥当な結論を導く力
学びに向かう力等	主体的に学習に取り組む態度

有機化合物を同定するために必要な要素

- 構造
- 反応
- 合成

有機化合物の同定

- ヒドロキシ基
  - 性質，粘性，分子間力，沸点，蒸気圧
- エーテル結合
  - 単結合，二重結合
    - 分子内脱水反応
    - 臭素水の脱色

現象や必要な資料から根拠を明確にし，有機化合物を同定する

1 探究の過程を踏まえた学習指導の概要例

　高校で学ぶ有機化学分野の炭化水素，酸素を含む有機化合物に関する学習を終えた段階での展開例である。ここでは，これまでに学んだ有機化合物についての知識を活用し，未知の試料を同定するために実験を計画し，実験の結果から試料を同定する活動に取り組むことにより，科学的な思考力，判断力，表現力等の育成を図ることを目指す。

探究の視点		学習指導の概要	資質能力の例
課題の把握（発見）	課題の設定	・未知試料の分子式 $C_3H_8O_2$（液体）の構造を推定する。	●見いだした関係性や傾向から，課題を設定する力
	（必要な知識・概念）	・有機化合物に関する構造，性質，反応	
課題の解決	考察・推論 表現・伝達	・未知試料の異性体として考えられる構造式を挙げる。 ・8種類の構造異性体があることを確かめる。	●観察・実験の結果を分析・解釈する力 ●考察・推論したことや結論を発表したり，レポートにまとめたりする力
課題の探究（追究）	観察・実験の実施	・試料の状態を観察する。	●観察・実験を実行する力
	結果の処理	・アルコール性ヒドロキシ基を2つ以上もつ化合物は粘性が大きい。 ・未知試料は粘性が小さい。	●観察・実験の結果を処理する力
課題の解決	考察・推論	・未知試料はアルコール性ヒドロキシ基を2つもつ化合物ではない。 ・アルコール性ヒドロキシ基を2つもつ4種類の化合物は除外される。	●観察・実験の結果を分析・解釈する力
課題の探究（追究）	観察・実験の実施	・試料の状態が液体であること，においがあまりないことを確かめる。	●観察・実験を実行する力
	結果の処理	・未知試料はにおいがあまりない。	●観察・実験の結果を処理する力
課題の解決	考察・推論	・アルコール性ヒドロキシ基をもつ化合物と比較して，エーテル結合をもつ化合物は揮発性が大きくにおいが強い。 ・未知試料はにおいがあまりないことから，エーテル結合を2つもつ化合物ではない。 ・未知試料は残りの3種類に絞られる。 ・絞られた3つのうち，ヘミアセタールは不安定であることから，これも除外される。 ・残りの2つの化合物を区別する必要がある。 ・分子内脱水の可否で区別することができるのではないか。	●観察・実験の結果を分析・解釈する力
課題の探究（追究）	検証計画の立案	・未知試料に濃硫酸を加えて加熱し，発生した気体を臭素水に通じる。 ・臭素水が脱色された場合，発生した気体はアルケンであると考えられることから，未知試料は2-メトキシエタノールであると推定できる。	●観察・実験の計画を評価・選択・決定する力
	観察・実験の実施	・未知試料に濃硫酸を加えて穏やかに加熱し，発生した気体を臭素水に通じる。	●観察・実験を実行する力
	結果の処理	・臭素水が脱色される。	●観察・実験の結果を処理する力
課題の解決	考察・推論	・未知試料は2-メトキシエタノールと推定した。	●観察・実験の結果を分析・解釈する力
	表現・伝達	・実験結果から導く結論が必要な根拠を伴っている考察を記述する。	●考察・推論したことや結論を発表したり，レポートにまとめたりする力

2 探究の過程を踏まえた学習展開の例

①課題の設定

これまで，有機化学分野の炭化水素，酸素を含む有機化合物に関する学習をしてきましたね。
今日は，有機化合物の未知試料の性質を実験などで調べて，その構造を推定してみましょう。

・未知試料入りの試験管を見せながら，授業の目的を示す。

（試験管を指しながら）未知試料はこれです。この未知試料は次のことがわかっています。

> 未知試料の分子式　$C_3H_8O_2$（液体）
> 〔環状構造，炭素間二重結合，過酸化物（—O—O—）の構造は存在しないこととする〕

この未知試料について，今までに学習した知識を活用して調べる方法を考えて，実験を計画し，その構造を推定して，構造式で示してみましょう。

②考察・推論，表現・伝達

まず，この未知試料の異性体として考えられる構造式[*1]を挙げましょう。

[*1] 構造式は，すべての原子の結合を線で表した化学式のこと。ただし，いくつかの原子をまとめて書き表すこともある。

【生徒が挙げた構造式の記述例】

```
CH₂—CH₂—CH₂—OH      CH₂—CH₂—O—CH₃      CH₃—O—CH₂—O—CH₃
|                   |
OH                  OH

CH₃—CH—CH₂—OH       CH₃—CH—O—CH₃
     |                   |
     OH                  OH

CH₃—CH₂—CH—OH       CH₃—CH₂—O—CH₂
          |                     |
          OH                    OH

        OH
        |
CH₃—C—CH₃
        |
        OH
```

何種類ありましたか？

8種類ありました。

実践上のポイント

この授業では，これまでに学習した知識を活用して取り組む課題を教師が設定している。

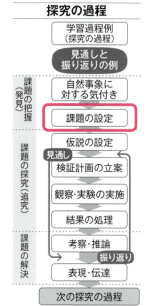

理解が進んでいる生徒に対して

過酸化物の構造をもつ化合物も挙げさせ，構造の安定性などの視点から絞り込ませることなども考えられる。

支援を必要としている生徒に対して

アルコール性ヒドロキシ基やエーテル結合など，含まれる可能性のある官能基を示して，思考を促すことなどが考えらえる。

●見いだした関係性や傾向から，課題を設定する力

実践上のポイント

構造式を挙げる活動の際，HGS 分子構造模型などを活用して，分子の立体的な構造をイメージさせた上で，異性体の構造を説明させることが考えられる。

●観察・実験の結果を分析・解釈する力
●考察・推論したことや結論を発表したり，レポートにまとめたりする力

これらの構造をもつ化合物を官能基で分類すると…

ヒドロキシ基，エーテル結合をもつ構造として，3種類に分類できると思います。

ヒドロキシ基を2つもつ構造	ヒドロキシ基を1つ，エーテル結合を1つもつ構造	エーテル結合を2つもつ構造
$CH_2-CH_2-CH_2-OH$ | OH	$CH_2-CH_2-O-CH_3$ | OH	$CH_3-O-CH_2-O-CH_3$
$CH_3-CH-CH_2-OH$ | OH	$CH_3-CH-O-CH_3$ | OH	
$CH_3-CH_2-CH-OH$ | OH	$CH_3-CH_2-O-CH_2$ | OH	
$\quad\quad OH$ | CH_3-C-CH_3 | $\quad\quad OH$		

それでは，これらの構造をもつ物質の中で未知試料はどれなのか，物質の性質を調べたり，実験で性質を確かめたりして，推定してみよう。

③検証計画の立案，観察・実験の実施，結果の処理，考察・推論
【ヒドロキシ基に注目して，試料の状態を観察する】

まず，試料の状態をよく観察してみましょう。

（試験管を手に取りながら）無色の液体，粘性はほとんどないな。

においもほとんどない。ということは，揮発性はあまりないということね。

8種類の構造は，アルコール性ヒドロキシ基をもつもの，エーテル結合をもつもの，その両方をもつものだった。簡単なものから考えてみようよ。

そうね，初めにアルコール性ヒドロキシ基を2つもつ化合物の可能性を探ってみましょう。

ところで，これまでに学習したヒドロキシ基を2つ以上もつ物質は何があったっけ？

1,2-エタンジオール（エチレングリコール）は2つもつ化合物だわ。

支援を必要としている生徒に対して

官能基による分類の視点を与えてから分類させることなどが考えられる。

お役立ち情報

日本化学会は適切な化学用語の使用を求め、「高等学校化学で用いる用語に関する提案」をしている（2016年）。アルデヒド基とケトン基の用い方について示す。

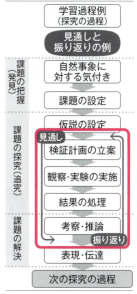

> **アルデヒド基（英語：aldehyde group）**
> 【現状】高校教科書の大半は「アルデヒド基」としている（最近は「ホルミル基」を併記したものもある）。
> 【案】「ホルミル基（formyl group）」とする。「アルデヒド基」は使わない。
> 【理由・背景】IUPAC命名法（日本化学会命名法専門委員会『化合物命名法』、東京化学同人、2011年）が「ホルミル基」としているため、それに合わせるのがよい。
>
> **ケトン基（英語：ketone group）**
> 【現状】一部の高校教科書が、>C＝Oを「ケトン基」と呼んでいる（正しく「カルボニル基」と書いた教科書は多い）。
> 【案】>C＝Oは「カルボニル基（carbonyl group）」とする。「ケトン基」は使わない。
> 【理由・背景】IUPAC命名法（日本化学会命名法専門委員会『化合物命名法』、東京化学同人、2011年）が「カルボニル基」としているため、それに合わせるのがよい。

実践上のポイント

生徒が発案した未知試料を確かめる方法について、物性、反応などの視点で整理し、実験の手順や方法等について適切、安全に実施するための計画を促すなど、生徒の実態に応じて支援を行うことが大切である。

1,2,3-プロパントリオール（グリセリン）は3つもつ化合物だ。アルコール性ヒドロキシ基2つをもつ化合物であるとしたら，1,2-エタンジオールの性質と比較したらどうだろう？

比較してみましょう。先生，未知試料の候補であるアルコール性ヒドロキシ基を2つもつ化合物の性質を確かめたいので，1,2-エタンジオールを観察したいのですが。

準備しましょう，同様にアルコール性ヒドロキシ基を2つもつ1,2-プロパンジオール（プロピレングリコール），3つをもつ1,2,3-プロパントリオールも準備するので，確かめてみて。
・ビーカーに入った1,2-エタンジオールと1,2-プロパンジオール，1,2,3-プロパントリオールを取り出す。

無色透明の液体で，ドロドロしている。

そうです。ヒドロキシ基を2つ以上もつ物質は粘性がありドロドロしている性質がありそうです。ヒドロキシ基を1つもつ化合物と比較してみよう。
・次に，ビーカー入りのメタノール，エタノール，1-プロパノールを示す。

ヒドロキシ基を1つだけもつこの3種類のアルコールはドロドロしていないわ。未知試料はどうかしら？
・未知試料入りの試験管を傾ける。

未知試料はドロドロしていない。ということは，ヒドロキシ基を2つもつ物質ではないのかな。

そうだとすれば，構造は4種類に絞られることになるね。

【エーテル結合に注目して，試料の状態を観察する】

この4種類は，エーテル結合だけをもつ化合物と，ヒドロキシ基ももつ化合物だね。

それではもう一つ検討してみてはどうだろう。エーテル結合をもつ物質の性質は何でしたか？

分子間力が小さいので，液体であっても蒸気圧が高い。沸点は低い。

そうでしたね。エタノールとジメチルエーテルは互いに構造異性体の関係でした。アルコール性ヒドロキシ基を1つもつエタノールと比較して，エーテル結合を1つもつジメチルエーテルは蒸気圧が高く，沸点が低いです。それは，アルコール性ヒドロキシ基による極性が分子間力を大きくすることと関係しているようです。

実践上のポイント

化合物の色，におい，揮発性，粘性などの物性の中から，既習の物質と比較してわかる事項を抽出する展開としている。

お役立ち情報

先に示した，日本化学会の「高等学校化学で用いる用語に関する提案」では，官能基の一覧として次のものを示している（2016年）。

表 おもな有機化合物の分類と官能基（結合）

分類	官能基（結合）	化合物の例
アルコール	ヒドロキシ基 －OH	CH_3OH メタノール
フェノール類		C_6H_5OH フェノール
エーテル	（エーテル結合）－O－	CH_3OCH_3 ジメチルエーテル
アルデヒド*	ホルミル基 －CH＝O	CH_3CHO アセトアルデヒド
ケトン	カルボニル基** ＞C＝O	CH_3COCH_3 アセトン
カルボン酸*	カルボキシ基 －COOH	CH_3COOH 酢酸
エステル*	（エステル結合）－COO－	CH_3COOCH_3 酢酸メチル
ニトロ化合物	ニトロ基 －NO$_2$	$C_6H_5NO_2$ ニトロベンゼン
スルホン酸	スルホ基 －SO$_3$H	$C_6H_5SO_3H$ ベンゼンスルホン酸
アミン	アミノ基 －NH$_2$	$C_6H_5NH_2$ アニリン

*　官能基のC原子と結合するのはC原子でもH原子でもよい（他の分で官能基と結合するのはC原子に限る）。
**　アルデヒドやカルボン酸，エステルの＞C＝O部分もカルボニル基に含めることがある。

実践上のポイント

このほかの物性としては，水，エタノール，ヘキサン，ジエチルエーテル，灯油などに対する溶解性を調べさせ，分子の極性などと関連付けて考察させることも考えられる。また，水に溶けた時の液性を調べさせ，官能基の性質と関連付けることなども考えられる。これらについても，生徒の実態に応じて，適切な支援を行うことが大切である。

・試験管入りのジエチルエーテルを取り出す。
アルコール性ヒドロキシ基をもたず，エーテル結合を1つもつジエチルエーテルは沸点が低く，蒸気圧が高いため，液体でも強いにおいがします。

この未知試料はどうかしら。（未知試料のにおいを嗅いで）あまりにおいがしないですね。ということは，エーテル結合だけをもつ物質ではないと言えるかもしれません。

エーテル結合を2つもつ物質はさらに分子間力が小さくなり，沸点はさらに低くなるのではないか？そうなると常温で液体ではないかもしれないね。

・未知試料入りの試験管を確かめる。

この未知試料は液体でにおいもあまりないわね。ということは，エーテル結合だけを2つもつ物質である可能性は低いわ。そうすると，未知試料として考えられる構造は，アルコール性ヒドロキシ基とエーテル結合を1つずつもつ，3つに絞られることになるね。

ヒドロキシ基を1つ，エーテル結合を1つもつ構造

CH₂—CH₂—O—CH₃   CH₃—CH—O—CH₃   CH₃—CH₂—O—CH₂
| | |
OH   OH   OH

【物質名を検索する】

ONE POINT
アルコキシ基 RO—
　アルキル基が酸素に結合した官能基
メトキシ基 CH₃O—
エトキシ基 CH₃CH₂O—

この3つの物質名は何というのかな？ヒドロキシ基とエーテル結合をもつ化合物の物質名は学習していないね。ウェブで検索してみよう。

・ウェブ検索で物質名を調べる。

CH₂—CH₂—O—CH₃   CH₃—CH—O—CH₃   CH₃—CH₂—O—CH₂
| | |
OH   OH   OH

2-メトキシエタノール　　　（ヘミアセタール）　　　エトキシメタノール
　（メチルセロソルブ）

3つのうちの1つ，ヘミアセタールは物質名ではなく，この構造をもつ化合物の総称らしい。しかも，一部の例外を除いて不安定な物質で，他の構造をもつ物質に変化してしまうらしいよ。
ということは，残りの2つに絞られたと考えていいかな？

よく調べたね。それでは，残りの2つを同定する方法を考えてみよう。

お役立ち情報

日本化学会は適切な化学用語の使用を求め,「高等学校化学で用いる用語に関する提案」を行っている(2016年)。幾何異性体と光学異性体の用い方について示す。

幾何異性体（英語：geometric isomers）

【現状】「幾何異性体」と「シス－トランス異性体」が(通常は両者の関係を説明しつつ)混在している。

【案】「シス－トランス異性体（*cis-trans* isomers）」に一本化する。ただし,「シス－トランス異性体（幾何異性体）」のようにカッコ書きで併記してもよい。

【理由・背景】高校化学の「幾何異性体」はシス－トランス異性体に限られる。

光学異性体（英語：optical isomer）

【現状】多くの高校教科書には,「光学異性体」と「鏡像異性体」が(通常は両者の関係を説明しつつ)混在している。

【案】「鏡像異性体」に一本化する。

【理由・背景】「光学異性体」は,立体化学の概念が固まる前,「光学的性質の差」に注目して生まれた用語だといえる。IUPAC は Gold Book で optical isomer を「時代遅れの用語」とし,使わないよう強く勧告している。

実践上のポイント

ウェブ上で物質名を検索させる際に,適切なサイトを紹介する,過度に高度な情報は除外するなどの支援を行うことが大切である。また,検索した情報に物性が含まれている場合は,未知試料の観察結果と比較するなど,可能な範囲で情報を活用することなどの支援も重要となる。

実践上のポイント

これまでに学習していない新たな情報については,混乱を避けるために,実態に応じて教師が情報を選択することも必要である。

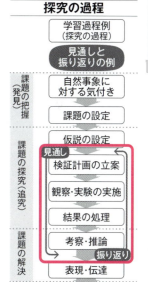

【実験計画を立て，結果を予想する】

この2つを区別するにはどうすればよいのだろう？
いろいろな反応を挙げてみようよ。

アルコール性ヒドロキシ基は金属ナトリウムと反応して水素が発生し，溶液は塩基性となるのでフェノールフタレイン溶液で赤くなるわ。
でも，どちらも同じように反応してしまう。

それなら，酸化したらどうなるだろう。アルコールを酸化するとアルデヒドやケトンが生成するな。

どちらも第一級アルコールだから，どちらもアルデヒドが生成することにならないかしら。エーテル結合を区別する方法はあるかしら。

エーテルはアルコールと違って金属ナトリウムと反応しないことを学習したけれど，この2つの物質はエーテル結合のほかにアルコール性ヒドロキシ基ももつので，これでは区別できないわね。

エタノールは濃硫酸を加えて加熱すると，温度によってエーテルやアルケンが生じることを学習したよ。分子間脱水と分子内脱水だ。

待って。エトキシメタノールは分子間脱水するのかしら？
ヒドロキシ基が結合している炭素とその隣の炭素間に二重結合が形成されるけど，炭素原子ではなく酸素原子なので，これでは二重結合できないわ！

2-メトキシエタノールは分子内脱水する構造だぞ。この反応で二重結合が生じれば，未知試料は2-メトキシエタノールということになるな。
二重結合が生じたことを確かめる方法は？

それは学習したわ。赤褐色の臭素水を加えて脱色すれば，臭素が付加反応したことになるので，これで二重結合の有無を確かめることができる。
それでいきましょう。実験計画を立てて，結果を予想しましょう。

試験管に試料約1 mLをとり，触媒を加えて，ゴム付き誘導管を付けて穏やかに加熱する。
未知試料が
・2-メトキシエタノールの場合は，アルケンの気体が生じる。
・エトキシメタノールの場合は，アルケンが生じない。
したがって，発生する気体を約2 mLの1%臭素水に通じ，
・臭素水の赤褐色が脱色した場合は，2-メトキシエタノール
・臭素水の赤褐色が変化しない場合は，エトキシメタノール
が未知試料である。

理解が進んでいる生徒に対して

既習の実験については,実際に実験に取り組ませた上で,その実験結果が同定に役立つのかを判断させることも考えられる。

支援を必要としている生徒に対して

これらの実験について,教師実験で実施しながら,実験結果が同定に役立つのかについて,思考を促すことなども考えられる。

支援を必要としている生徒に対して

構造から分子内脱水するかどうかを判断させる際に,分子模型などを活用して,脱水の過程についてイメージを持たせながら思考を促す支援を行うことが考えられる。

実践上のポイント

未知試料として用いる 2-メトキシエタノールは引火性があることから,加熱については安全に十分な配慮を行い,適切な方法で行う支援をする必要がある。

探究の過程

学習過程例(探究の過程)

見通しと振り返りの例

課題の把握(発見)
- 自然事象に対する気付き
- 課題の設定

課題の探究(追究)
- 仮説の設定
- 見通し
- 検証計画の立案
- 観察・実験の実施
- 結果の処理

課題の解決
- 考察・推論
- 振り返り
- 表現・伝達

次の探究の過程

- ●観察・実験の計画を評価・選択・決定する力
- ●観察・実験を実行する力
- ●観察・実験の結果を処理する力
- ●観察・実験の結果を分析・解釈する力

【実験の実施，結果の処理】
実験の結果，臭素水が脱色されたわ！
ということは，未知試料は2-メトキシエタノールね！

④**考察・推論，表現・伝達**
未知試料の同定ができたようだね。それでは実験結果から未知試料が2-メトキシエタノールであることを，根拠とともに記述してみよう。

【生徒の考察記述例】
結論 未知試料は2-メトキシエタノール（メチルセロソルブ）である。

$$CH_2-CH_2-O-CH_3$$
$$|$$
$$OH$$

2-メトキシエタノール
（メチルセロソルブ）

考察

❶ 未知試料の分子式は $C_3H_8O_2$（液体）〔環状構造，炭素間二重結合，過酸化物（—O—O—）の構造は存在しないこととする〕であることから，8種類の構造が考えられる。

❷ 次に，試料の状態を観察すると，無色の液体であり，粘性がなく，においがあまりしないことを確認した。

❸ アルコール性ヒドロキシ基を2つ以上もつ化合物には粘性があり，未知試料の状態とは異なることから，8種類のうち，アルコール性ヒドロキシ基を2つもつ4種類の化合物ではないと推察した。

❹ また，アルコール性ヒドロキシ基と比較してエーテル結合をもつ化合物は分子間力が小さいことから液体でも揮発性があり，においが強いが，未知試料はにおいがあまりないことから，エーテル結合を2つもつ化合物ではないと推察した。

❺ 残りの3種類のうち，ヘミアセタールは不安定で，他の構造をもつ物質に変化しやすいことから，この構造をもつ化合物ではないと推察した。

❻ 残る2つの物質，2-メトキシエタノールとエトキシメタノールを区別するために，未知試料に濃硫酸を加えて加熱し，発生した気体を臭素水に通じたところ脱色した。このことから，発生した気体にはアルケンが含まれていることがわかる。したがって，未知試料は濃硫酸で分子内脱水する構造をもつ，2-メトキシエタノールであると推察した。

有機化合物の未知試料の同定に取り組みました。これまでに学習した事項を活用して，化合物の構造を推定できることが実感できましたか。

理解が進んでいる生徒に対して

考察を記述させる際に，実験結果から導く結論が根拠に基づいているか，記述の指導を行うことが考えられる。その際，実験結果が記述されているか，実験結果から結論を導いているか，結論を導く際に必要な根拠を示しているかなど，考察を記述する際に論理的な表現となっているか，必要な支援を行うことも大切である。

支援を必要としている生徒に対して

観察・実験の結果ごとに分けて，結論を導く際に必要な根拠が示されているか，一つひとつ順序立てて説明する支援を行うことが考えられる。

実践上のポイント

未知試料の同定を課題として設定する場合，授業時間や生徒の実態などに応じて，行う実験の範囲を選択，制限することが大切である。

お役立ち情報

Chemical Abstracts によれば，現在では，有機物，無機物を厳格に区別するのが難しく，合計1億以上の物質が知られている。このため，一つひとつの物質について単純に記憶するのではなく，物質に関する基礎的な知識から未知試料の構造などを推定し，理解することが大切である。

本単元のルーブリック例

	A	B	C
①有機化合物の性質，有機化合物の反応等を理解できているか。	有機化合物の性質，有機化合物の反応等を十分に理解できている。	有機化合物の性質，有機化合物の反応等を理解できている。	有機化合物の性質，有機化合物の反応等を理解できていない。
②未知の有機化合物を同定するために，実験を計画しているか。	未知の有機化合物を同定するために，適切に実験を計画している。	未知の有機化合物を同定するために，実験を計画している。	未知の有機化合物を同定するための実験を計画していない。
実験結果や与えられた情報を活用して妥当な結論を導いている。	実験結果や与えられた情報を活用して適切で妥当な結論を導いている。	実験結果や与えられた情報を活用して妥当な結論を導いている。	実験結果や与えられた情報を活用して妥当な結論を導いていない。
③主体的に学習に取り組んでいるか。	振り返りながら，見通しをもって，粘り強く学習に取り組もうとしている。	粘り強く学習に取り組もうとしている。	粘り強く学習に取り組もうとしていない。

※なお，ルーブリックの規準・基準は生徒の実態に応じて設定することが考えられる。

3 執筆者のコメント

　この授業計画に沿って授業を実践した際の，生徒の感想等を紹介して，コメントに代えます。

- 今回の有機化合物の構造推定の課題実験で，有機化合物の化学の範囲を復習することができて大変良かった。今回の課題実験は，今までと違い自発的に動かなければならない実験だったので，とても大変だった。
- 最終的には未知試料の構造式を推定することができたが，予想に基づく結果から導かれる結論が絞りにくかった。もっと有機物の基礎的な知識を深めて再度実験に取り組みたい。
- いざ実験結果をレポートとしてまとめようとしたところ，自分の考えていたことが論理的に書いているのではないかと不安に駆られた。$CH_3-O-CH_2-CH_2-OH$ か，$CH_3-CH_2-O-CH_2-OH$ のいずれかが未知試料の構造であると結論を出すことに関しての検討が不十分であった。
- 実験マニュアル通りに行う今までの実験と違って，初めて行う実験形式だったので，とても新鮮だった。実験で何が起きているのか，正確に見極めることは難しかった。自分たちが考えた試薬の量や反応条件で実験することは，教科書で学ぶ理想的な条件と違って難しいことがわかった。
- 実験操作は皆で協力して進めることができた。構造もひとつに決めることができた。実験結果をレポートにまとめる時，いろいろな推定の方法を思いついた。今回の課題実験は，有機化合物の基礎の確認になった。

初めて知ったこともあった。また，レポートの書き方を学べて有意義な課題実験だった。
・この課題実験に取り組むことで，有機化合物の考え方を理解することができた。実験を進める上で，結果が予想どおりになった時や目的を達成する方法がひらめいた時などはとても嬉しかったし，おもしろかった。この課題実験を通じて化学が好きになれた気がする。
・いつもの実験と逆の道筋を辿ることで，いままで学んできた知識をより深く認識できたと思う。初めは慣れなくて難しく感じられたが一つひとつ性質がわかっていくうちに，次第に構造式が絞られていっておもしろかった。

　探究的な学習を進める中で，生徒は未知の事項を探り，論理的，実証的に解明を進めることに精一杯取り組み，一定の成果を上げたことを実感したようです。

（担当　竹内信治郎　飯田寛志）

SSH課題研究と高校化学のつながり――授業での取り上げ方

赤石　定治
（国立研究開発法人科学技術振興機構理数学習推進部 主任調査員）

　SSH事業は，先進的な理数系教育を通して，将来国際的に活躍し得る科学技術系人材の育成を図ることを目的の一つとしている。その成果の一つに実践的資料を得ることがある。

　特に，先進的取り組みである課題研究においては，生徒自らの発想・着眼によるテーマ設定を重視し，成功体験および失敗体験からの学びも大切にしている。さらに，課題設定能力や論理的思考力など，研究に必要な資質・能力を体験的に身に付けるミニ課題研究や課題研究基礎では，さまざまな取り組みがなされている。

　そこでは，先に示されたテーマで実験を計画したり，予想しない結果から新たな課題を見いだしたり，1度目の実験から発見した課題を解決するための実験に取り組んだり，一部隠れた実験について見通しを持ってデザインしたり，グループで議論しながら計画を立てるなど，さまざまな探究活動の工夫が見られる。

　これらは，高校化学の探究活動につながる数多くの先行事例であり，授業改善に役立つはずである。参考にしたい。

第**五**部

役立つ情報

大学入学共通テスト試行調査問題から見る
探究型授業実践

実験の安全配慮への注意事項
——学習指導要領解説より

国際単位系（SI）

大学入学共通テスト試行調査問題から見る探究型授業実践

　文部科学省の高大接続システム改革会議「最終報告」（平成28年3月31日）を受け，独立行政法人大学入試センターは平成29年7月13日に，「大学入学共通テスト実施方針」を取りまとめた。その中で，大学入試センター試験に代わるテストとして令和3年度(2021年度)から「大学入学共通テスト」を実施すること，マークシート式問題における知識の深い理解と思考力・判断力・表現力を重視した作問への見直し，記述式問題の導入などが示された。各科目の問題作成の方針は次のとおりであり，ともに探究の過程を重視するものとなっている。

物理基礎，化学基礎，生物基礎，地学基礎

　日常生活や社会との関連を考慮し，科学的な事物・現象に関する基本的な概念や原理・法則などの理解と，それらを活用して科学的に探究を進める過程についての理解などを重視する。問題の作成に当たっては，身近な課題等について科学的に探究する問題や，得られたデータを整理する過程などにおいて数学的な手法を用いる問題などを含めて検討する。

物理，化学，生物，地学

　科学の基本的な概念や原理・法則に関する深い理解を基に，基礎を付した科目との関連を考慮しながら，自然の事物・現象の中から本質的な情報を見いだしたり，課題の解決に向けて主体的に考察・推論したりするなど，科学的に探究する過程を重視する。問題の作成に当たっては，受験者にとって既知ではないものも含めた資料等に示された事物・現象を分析的・総合的に考察する力を問う問題や，観察・実験・調査の結果などを数学的な手法を活用して分析し解釈する力を問う問題などとともに，科学的な事物・現象に係る基本的な概念や原理・法則などの理解を問う問題を含めて検討する。

　なお，大学入試センター試験で出題されてきた理科の選択問題については，設定しないこととする。

　ここでは，大学入試センターウェブサイトにて公表されている，平成29年度と平成30年度に実施された試行問題から，特徴的な問題を取り上げ，探究型授業の必要性について論じる。

① 日常生活で利用されている洗浄剤を通して，見通しをもった実験計画を立てたり，考察したりする力を問う問題や基本的な実験の技能と，得られた結果を適切に数的処理する力を問う問題

平成 30 年度試行調査　化学基礎　第 3 問

　学校の授業で，ある高校生がトイレ用洗浄剤に含まれる塩化水素の濃度を中和滴定により求めた。次に示したものは，その実験報告書の一部である。この報告書を読み，問い（**問 1〜4**）に答えよ。

　　　　「まぜるな危険酸性タイプ」の洗浄剤に含まれる塩化水素濃度の測定

【目的】
　トイレ用洗浄剤のラベルに「まぜるな危険酸性タイプ」と表示があった。このトイレ用洗浄剤は塩化水素を約 10 % 含むことがわかっている。この洗浄剤（以下「試料」という）を水酸化ナトリウム水溶液で中和滴定し，塩化水素の濃度を正確に求める。

【試料の希釈】
　滴定に際して，試料の希釈が必要かを検討した。塩化水素の分子量は 36.5 なので，試料の密度を 1 g/cm³ と仮定すると，試料中の塩化水素のモル濃度は約 3 mol/L である。この濃度では，約 0.1 mL の水酸化ナトリウム水溶液を用いて中和滴定を行うには濃すぎるので，試料を希釈することとした。試料の希釈溶液 10 mL に，約 0.1 mol/L の水酸化ナトリウム水溶液を 15 mL 程度加えたときに中和点となるようにするには，試料を　**ア**　倍に希釈するとよい。

【実験操作】
1. 試料 10.0 mL を，ホールピペットを用いてはかり取り，その質量を求めた。
2. 試料を，メスフラスコを用いて正確に　**ア**　倍に希釈した。
3. この希釈溶液 10.0 mL を，ホールピペットを用いて正確にはかり取り，コニカルビーカーに入れ，フェノールフタレイン溶液を 2，3 滴加えた。
4. ビュレットから 0.103 mol/L の水酸化ナトリウム水溶液を少しずつ滴下し，赤色が消えなくなった点を中和点とし，加えた水酸化ナトリウム水溶液の体積を求めた。
5. 3 と 4 の操作を，さらにあと 2 回繰り返した。

【結果】
1. 実験操作 1 で求めた試料 10.0 mL の質量は 10.40 g であった。
2. この実験で得られた滴下量は次のとおりであった。

	加えた水酸化ナトリウム水溶液の体積〔mL〕
1回目	12.65
2回目	12.60
3回目	12.61
平均値	12.62

3. 加えた水酸化ナトリウム水溶液の体積を，平均値 12.62 mL とし，試料中の塩化水素の濃度を求めた。なお，試料中の酸は塩化水素のみからなるものと仮定した。

（中略）

希釈前の試料に含まれる塩化水素のモル濃度は，2.60 mol/L となった。

4. 試料の密度は，結果1より 1.04 g/cm³ となるので，試料中の塩化水素（分子量 36.5）の質量パーセント濃度は イ であることがわかった。

（以下略）

問2 別の生徒がこの実験を行ったところ，水酸化ナトリウム水溶液の滴下量が，正しい量より大きくなることがあった。どのような原因が考えられるか。最も適当なものを，次の①～④のうちから一つ選べ。 11

① 実験操作3で使用したホールピペットが水でぬれていた。
② 実験操作3で使用したコニカルビーカーが水でぬれていた。
③ 実験操作3でフェノールフタレイン溶液を多量に加えた。
④ 実験操作4で滴定開始前にビュレットの先端部分にあった空気が滴定の途中でぬけた。

問3 イ に当てはまる数値として最も適当なものを，次の①～⑤のうちから一つ選べ。 12 ％

① 8.7　② 9.1　③ 9.5　④ 9.8　⑤ 10.3

　ここでは，日常生活で利用されている洗浄剤を通して，見通しをもった実験計画を立てたり，考察したりする力を問うている。併せて，基本的な実験の技能と，得られた結果を適切に数的処理する力も問うている。新学習指導要領には「酸や塩基に関する実験などを行い」と示されているが，滴定値に誤差が生じた原因を問う問題（問2）の正答率は 26.4％，モル濃度と密度，分子量から質量パーセント濃度を求める問題（問3）の正答率は 36.5％ であった。自然の事物・現象の基本的な概念を基に，見いだした課題について，原理・法則に従って推論する学習活動や，自然の事物・現象に係る数的処理を一定の条件で行い，その結果を基に，原理・法則に従って考察する学習活動が必要であると考えられる。

②自然の事物・現象に係る値について,原理・法則に従って処理し,グラフ等を活用して分析することができる力を問う問題

平成29年度試行調査　化学　第1問　問4

　シクロヘキサン15.80 gにナフタレン30.0 mgを加えて完全に溶かした。その溶液を氷水で冷却し,よくかき混ぜながら溶液の温度を1分ごとに測定したところ,**表1**のようになった。下の問い(a・b)に答えよ。必要があれば,**表2**の数値と次ページの方眼紙を使うこと。

表　1

時間[分]	温度[℃]
3	6.89
4	6.58
5	6.30
6	6.08
7	6.18
8	6.19
9	6.18
10	6.17
11	6.16
12	6.15
13	6.14
14	6.12
15	6.11

表　2

	シクロヘキサン	ナフタレン
分子量	84.2	128
融点[℃]	6.52	80.5

a　この溶液の凝固点を求めると何℃になるか。最も適当な数値を,次の①～④のうちから一つ選べ。　4　℃

　　　①　6.08　　②　6.19　　③　6.22　　④　6.28

b　aで選んだ溶液の凝固点を用いて,シクロヘキサンのモル凝固点降下を求めると,何K・kg/molになるか。有効数字2桁で次の形式で表すとき,　5　～　7　に当てはまる数字を,下の①～⓪のうちから一つずつ選べ。ただし,同じものを繰り返し選んでもよい。

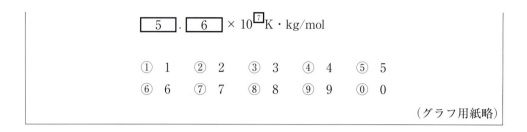

　ここでは，自然の事物・現象に係る値について，原理・法則に従って処理し，グラフ等を活用して分析することができる力を問うている。冷却曲線を描き，そのグラフから凝固点を読み取る問題（a）の正答率は25.3％，与えられたデータから必要な数値を選び，前問の値を用いて溶媒のモル凝固点降下を求める問題（b）の正答率は5.0％であった。本書の第四部・7章にも取り上げている内容であるが，溶液を冷却したときの温度変化について，過冷却や溶液の凝固点降下の知識と実験データを基に，時間と溶液の温度の関係（冷却曲線）をグラフに描き，そのグラフから凝固点を読み取る学習活動，溶液の凝固点降下について，溶液の凝固点降下度と質量モル濃度の関係を基に，与えられたデータ（**表**）のうちから必要な数値を選び，求めた溶液の凝固点の値を用いて，溶媒のモル凝固点降下を求める学習活動が必要であると考えられる。

③**無機物質の水への溶解性に関する知識及び与えられた資料の理解を基に，提示された文の内容と資料との整合性を判断する力を問う問題**

平成30年度試行調査　化学　第2問B　問6

　ハロゲン化銀のうち，AgFは水に溶け，AgIはほとんど水に溶けないということに興味をもった生徒が図書館で資料を調べたところ，次のことがわかった。

　一般に，(b)**イオン半径は，原子核の正電荷の大きさと電子の数に依存する**。また，イオン半径が大きなイオンでは，原子核から遠い位置にも電子があるので，反対の電荷をもつイオンと結合するとき電荷の偏りが起こりやすい。このような電荷の偏りの起こりやすさでイオンを分類すると，表1のようになる。

表1　イオンにおける電荷の偏りの起こりやすさ

	偏りが起こりにくい	中間	偏りが起こりやすい
陽イオン	Mg^{2+}, Al^{3+}, Ca^{2+}	Fe^{2+}, Cu^{2+}	Ag^+
陰イオン	OH^-, F^-, SO_4^{2-}, O^{2-}	Br^-	S^{2-}, I^-

　イオンどうしの結合は，陽イオンと陰イオンの間にはたらく強い　ウ　に加えて，この電荷の偏りの効果によっても強くなる。経験則として，陽イオンと陰イオンは，電荷の偏りの起こりやすいイオンどうし，もしくは起こりにくいイオンどうしだと強く結合する傾向がある。そのため，水和などの影響が小さい場合，(c)**化合物を構成するイオンの電荷の偏りの起こりやすさが同程度であるほど，その化合物は水に溶けにくくなる**。たとえばAg^+は電荷の偏りが起こりやすいので，電荷の偏りが起こりやすいI^-とは水に溶けにくい化合物AgIをつくり，偏りの起こりにくいF^-とは水に溶けやすい化合物AgFをつくる。

問6　溶解性に関する事実を述べた記述のうち，下線部(c)のような考え方では**説明することができない**ものを，次の①～④のうちから一つ選べ。　7

① フッ化マグネシウムとフッ化カルシウムは，ともに水に溶けにくい。
② Al^{3+}を含む酸性水溶液に硫化水素を通じた後に塩基性にしていくと，水酸化アルミニウムの沈殿が生成する。
③ ヨウ化銀と同様に硫化銀は水に溶けにくい。
④ 硫酸銅(Ⅱ)と硫酸マグネシウムは，ともに水によく溶ける。

ここでは，提示された情報を既得の知識と統合することで，課題を考察し，解決する力を問うている。高校化学では触れられることのない，HSAB (Hard and Soft Acids and Bases) 則といった新しい知識に関する資料に関する理解と，無機物質の水への溶解性に関する既得の知識を基に，提示された文の内容と資料との整合性を判断する問題であるが，正答率は 32.4% であった。

　自然の事物・現象に係る新たに得た情報と，結果などから得た情報を，原理・法則に従って統合することができる学習活動が必要であると考えられる。

（担当　小林邦佳）

参考文献

　大学入試センターホームページ　大学入学共通テスト（新テスト）等について
　https://www.dnc.ac.jp/daigakunyugakukibousyagakuryokuhyoka_test/index.html

（2019 年 7 月末現在）

これからの大学入試の視点から見る高校化学

林 誠一
（富山県立砺波高等学校 校長）

　高校生の学びの成果を効果的に大学に接続するため，高校教育と大学教育の接続段階で実施される大学入試改革が進められている。高校教育における学習成果をどのように問うかが課題となっており，大学入学共通テストにおける「化学基礎」「化学」の問題作成の方向性が，試行調査の趣旨の中で次のように示されている。

●大学教育の基礎力となる知識・技能を活用して考察する問題や，科学的に探究する方法を用いる過程を重視する。

●そのため，自然の事物・現象に関する問題の中から本質的な情報を見いだし，課題の解決に向けて主体的に考察・推論することが求められる。

●教科書等では扱われておらず受験生にとって既知ではないものも含め，資料等に示された事物・現象を分析的，総合的に考察することができるかという，科学の基本的な概念や原理・法則などの深い理解を伴う知識や思考力等を問う問題を含む。

　各大学における個別入試においても同じ方向で改革が進み，実験や観察に基づく，探究活動を通じた科学的な思考力等の育成がますます重要になってくるはずである。

　これまで高校は，「大学入試が変わらない限り，高校教育は変えようがない」と言ってきた。大学入試が変わろうとしている今こそ，大学教育の入口段階までにどのような資質・能力を身に付けることが求められるのかを知り，「教員が何を教えるか」だけでなく，「何をどのように学び，何ができるようになるのか」を明確にすることが必要である。また，「何が身に付いたか」を評価で見取りながら，授業改善を進めていくことが大切になる。

　高校の化学教育においては，観察・実験の結果を踏まえて科学的に考え議論するといった教育活動こそが不可欠な学びではないだろうか。入試改革もアクティブ・ラーニングもこのような学びを実現するための重要な道具であり，一人一人の教師にまず求められるのは，教職としての原点に立ち帰って，担当教科に関する専門性を捉え直し，高めることではないかと思う。化学を教える教師自らが，指導のねらいとする資質・能力の育成を目指した「主体的・対話的で深い学び」の実現に向けた実践を進めていかなければならない。

大学入試問題と探究活動を結び付けた実践例

小林 邦佳
（埼玉県立鳩山高等学校 教諭）

> **COLUMN**
>
> 学習者の資質・能力を育成するために，探究の過程を踏まえた学習活動を設定して，国公立大学の二次試験問題と探究活動を結び付けた実践例を紹介する。

2019年度入試 京都大学・前期 問題Ⅰ（a）

沈殿生成を利用して，水溶液中の塩化物イオン濃度を定量することができる。塩化物イオンを含む水溶液にクロム酸カリウム水溶液を指示薬として加え，既知の濃度の硝酸銀水溶液を滴下すると，まず塩化銀の白色沈殿が生成する。さらに滴下をすすめるとクロム酸銀の暗赤色沈殿が生成し，滴定前に存在した塩化物イオンのほぼ全量が塩化銀として沈殿する。したがって，この時点を滴定の終点とすることで，試料溶液中の塩化物イオン濃度を見積もることができる。この滴定実験では，試料溶液を中性付近に保つ必要がある。これは酸性条件下では以下の反応(1)が起こり，また塩基性条件下では褐色の酸化銀が生成するためである。

$$2CrO_4^{2-} + 2H^+ \longrightarrow 2HCrO_4^- \longrightarrow \boxed{\text{あ}} \tag{1}$$

以下では，滴定過程において，試料溶液内の塩化物イオンとクロム酸イオンの濃度が変化する様子を，グラフを用いて考察しよう。**図1**は，滴定前の塩化物イオン濃度を1.0×10^{-1} mol/L，クロム酸イオン濃度を1.0×10^{-3} mol/Lとして，硝酸銀水溶液の滴下にともなう各イオンの濃度変化を，銀イオン濃度に対して示したグラフである。なお，試料溶液は中性とし，滴定による体積変化は無視する。硝酸銀水溶液を滴下すると銀イオン濃度が増加し，1.8×10^{-9} mol/Lに達したときに塩化銀が生成し始める。その結果，溶液内の塩化物イオン濃度は減少し始める。このとき，クロム酸イオン濃度はまだ変化しない。さらに滴定をすすめて，銀イオン濃度が $\boxed{\text{Ⅰ}}$ mol/Lに達したところで，クロム酸銀の生成が始まり，溶液内のクロム酸イオン濃度は減少する。クロム酸銀が生成し始めた時点が，滴定の終点に対応する。このとき，溶液内に残存する塩化物イオンの濃度は $\boxed{\text{Ⅱ}}$ mol/Lである。この値は，塩化物イオンの初期濃度と比べて非常に小さく，ほぼ全量が塩化銀として沈殿していると言える。

（以下略）

大学で扱う分析化学の銀滴定の中でも，モール（Mohr）法を題材にした問題であり，同じテーマの類題は今までにも出題例がある。その問題を題材として探究型の授業を実践した。

第1校時　　問題演習と解説
第2校時　　図書館の書籍を利用した，モール法に関する調べ学習
第3校時　　実験「醤油中の塩分濃度を求める」の計画立案，各班での検討，修正
第4校時　　実験「醤油中の塩分濃度を求める」の実施，結果の処理
第5校時　　データのまとめ，分析・解釈，問題の解き直し

本実践により，単に問題を解くだけでなく生徒が主体的に探究活動を行い，対話を通じて実験を計画して実験を行い，結果を基に分析・解釈した後，再度問題を振り返ることで取組意欲が高まり，本質的な理解がより深まった。

この他，有機化合物の構造決定に関する問題と探究活動を結び付けることも有効である。例えば，2019年度入試　東北大学・前期　3では，大学の有機化学でケトンからエステルを合成する反応として学ぶバイヤー・ビリガー酸化に関する情報を与え，これを基に分子量200以下のケトン2種の構造を決定させるという出題があった。詳細は省略するが，これらを探究活動と結びつけ，酸素を含む有機化合物の反応，芳香族化合物の性質，有機化合物の分離，高分子化合物と幅広い分野の知識や技能を活用し，生徒自身が実際に探究することで，思考力，判断力，表現力等を育成することにつながる。元来，有機化合物の構造決定に関する問題は思考力，判断力，表現力を要する「思考型」の問題が多い。是非このような実践を通じて，生徒の資質・能力の育成を図りたい。

実験の安全配慮への注意事項
——学習指導要領解説より

事故防止，薬品などの管理及び廃棄物の処理

　観察，実験，野外観察などの指導に当たっては，関連する法規等に従い，事故防止に十分留意するとともに，使用薬品などの管理及び廃棄についても適切な措置を講ずること。

　理科の学習における観察，実験，野外観察などの活動は，自然の事物・現象への興味・関心を高めたり，科学的に探究する力を育成したりする上で必要不可欠なものである。このような活動を安全で適切に行うためには，事故の防止，薬品の管理や廃棄物の処理などについて，適切な措置を講ずる必要がある。

① 事故の防止について

　観察，実験を安全で適切に実施するためには，予備実験を行うことが欠かせない。予備実験では，器具の選定や薬品の濃度と使用量などの適切な条件や方法を確認する。また，薬品使用や火気使用に伴う危険性や，同時に多数のグループが観察，実験を行う場合の換気や使用電気量などについて把握し検討しておく。さらに，マイクロスケール実験など，実験に使用する薬品の量をできるだけ少なくする工夫も考えられる。

　実験室では，生徒の使い易い場所に機器を配置し，それを周知しておく。また，救急箱や消火器等を用意し事故に備えるとともに，事故が起きた場合の負傷者に対する応急処置，病院への連絡，他の生徒に対する指導等の手順を準備しておく。

　観察，実験の際には，保護眼鏡と白衣等を適宜着用させるようにする。事故を防止するためには，生徒に基本操作や正しい器具の扱い方などを習熟させるとともに，誤った操作や使い方による危険性を認識させておくことが重要である。

② 器具，薬品の管理について

　実験室や保管庫は，常に整備点検を心掛ける。保管庫は，地震により転倒しないよう固定し，毒物，劇物などを保管する場合は必ず施錠する。

　薬品は，強酸，強塩基，強い酸化剤，還元剤，金属，有機化合物，発火性物質などに大別して保管する。特に，強い酸化剤と有機化合物や発火性物質，酸・塩基と金属単体などは必ず別の場所で保管する。

　爆発，火災，中毒などの恐れのある危険な薬品は，消防法，火薬類取締法，高圧ガス保安法，毒物及び劇物取締法などの法律に従って管理する。また，薬品在庫簿を備え，在庫

量を常に記録しておく。

　放射性同位体については，関連法令に従い試料などを適切に保管，管理する。

③　廃棄物の処理について

　有毒な薬品やこれらを含む廃棄物の処理は，大気汚染防止法，水質汚濁防止法，海洋汚染等及び海上災害の防止に関する法律，廃棄物の処理及び清掃に関する法律など，環境保全関係の法律に従って処理する必要がある。

　実験で使用した廃棄物の処理は，生徒に環境への影響や環境保全の大切さを考えさせるよい機会となる。そのため，生徒には観察，実験による廃棄物の処理や回収の方法について常に意識させておくことが重要である。

　酸やアルカリの廃液は中和してから多量の水で薄めながら処理する。重金属イオンを含む廃液は金属イオンごとに分別して容器に回収して保管し，最終処分は廃棄物処理業者に委託する。有機溶媒を含む廃液についても回収して保管し，最終処分は廃棄物処理業者に委託する。

（担当　野内頼一）

実験教材機器の会社

　実験教材に関しては，次に示す会社などで買い求めることができる。

株式会社内田洋行

〒 104-8282　東京都中央区新川 2-4-7
　　　　　TEL：03-5634-6280　FAX：03-5634-6890

ケニス株式会社

〒 530-0043　大阪市北区天満 2-7-28
　　　　　TEL：06-4800-0721（代表）　FAX：06-6882-3768

株式会社島津理化

〒 101-0051　東京都千代田区神田神保町 1-32　出版クラブビル
　　　　　TEL：03-6848-6600　FAX：03-6854-0367

ナリカ株式会社

〒 101-0021　東京都千代田区外神田 5-3-10
　　　　　TEL：03-3833-0741　FAX：03-3836-1725

ヤガミ株式会社

〒 460-0002　名古屋市中区丸の内 3-2-29
　　　　　TEL：052-951-9251（理科・保健）　FAX：052-951-6173

国際単位系（SI）

表1　国際単位系（SI）の従来の定義と新しい定義

量	名称・記号	従来の定義	新しい定義
時　間	秒（s）	秒は，セシウム133の原子の基底状態の二つの超微細構造準位の間の遷移に対応する放射の周期の9 192 631 770倍の継続時間である。	秒は，時間のSI単位である。これは，単位Hz（s^{-1}に等しい）による表現において，セシウム周波数$\Delta\nu_{Cs}$，すなわち，セシウム133原子の摂動を受けない基底状態の超微細構造遷移周波数を正確に9 192 631 770と定めることによって設定される。
長　さ	メートル（m）	メートルは，1秒の299 792 458分の1の時間に光が真空中を伝わる行程の長さである。	メートルは，長さのSI単位である。これは，単位m/sによる表現において，真空中の光の速さcを正確に299 792 458と定めることによって設定される。
質　量	キログラム（kg）	キログラムは質量の単位であって，単位の大きさは国際キログラム原器の質量に等しい。	キログラムは，質量のSI単位である。これは，単位J s（$kg\, m^2\, s^{-1}$に等しい）による表現において，プランク定数hを正確に6.626 070 15 × 10^{-34}と定めることによって設定される。
電　流	アンペア（A）	アンペアは，真空中に1メートルの間隔で平行に配置された無限に小さい円形断面積を有する無限に長い二本の直線状導体のそれぞれを流れ，これらの導体の長さ1メートルにつき2 × 10^{-7}ニュートンの力を及ぼし合う一定の電流である。	アンペアは，電流のSI単位である。これは，単位C（A sに等しい）による表現において，電気素量eを正確に1.602 176 634 × 10^{-19}と定めることによって設定される。
熱力学温度	ケルビン（K）	熱力学温度の単位，ケルビンは，水の三重点の熱力学温度の1/273.16である。	ケルビンは，熱力学温度のSI単位である。これは，単位$J\, K^{-1}$（$kg\, m^2\, s^{-2}\, K^{-1}$に等しい）による表現において，ボルツマン定数$k$を正確に1.380 649 × 10^{-23}と定めることによって設定される。

表1（続き）

量	名称・記号	従来の定義	新しい定義
物質量	モル（mol）	モルは，0.012キログラムの炭素12中に存在する原子の数に等しい数の要素粒子を含む系の物質量であり，単位の記号はmolである。モルを用いるとき，要素粒子が指定されなければならないが，それは原子，分子，イオン，電子，その他の粒子またはこの種の粒子の特定の集合体であってよい。	モルは，物質量のSI単位である。1モルは正確に$6.02214076 \times 10^{23}$の要素粒子を含む。この数字は，単位$\text{mol}^{-1}$による表現において，アボガドロ定数$N_A$を正確に定めた値であり，アボガドロ数と呼ばれる。系の物質量は，特定された要素粒子の数の尺度である。要素粒子とは，原子，分子，イオン，電子，その他の粒子，あるいは，複数の粒子であってもよい。
光度	カンデラ（cd）	カンデラは，周波数540×10^{12}ヘルツの単色放射を放出し，所定の方向におけるその放射強度が1/683ワット毎ステラジアンである光源の，その方向における光度である。	カンデラは，所定の方向における光度のSI単位である。これは，単位lm W^{-1}（cd sr W^{-1}あるいは$\text{cd sr kg}^{-1}\text{m}^{-2}\text{s}^3$に等しい）による表現において，周波数$540 \times 10^{12}$ Hzの単色放射の視感度効果度K_{cd}を正確に683と定めることによって設定される。

表2 SIの新しい定義で用いられる基礎物理定数

基礎物理定数	値
プランク定数 h	$6.62607015 \times 10^{-34}$ J s
電気素量 e	$1.602176634 \times 10^{-19}$ C
ボルツマン定数 k	1.380649×10^{-23} J K^{-1}
アボガドロ定数 N_A	$6.02214076 \times 10^{23}$ mol^{-1}

（担当　渡部智博）

参考文献
（独）産業技術総合研究所 計量標準センター訳・監修，「国際文書第8版（2006）国際単位系（SI）日本語版」
https://unit.aist.go.jp/nmij/library/units/si/R8/SI8J.pdf
臼田孝，新たな時代を迎えた国際単位系（SI）―基礎物理定数による基本単位の定義―，**58**(5)，325〜329（2019）．

国際単位系（SI）

渡部 智博
（立教新座中学校・高等学校 教諭）

「数値」と「単位」で「量」を表すことは，よく知られている。例えば，質量であれば，「65.7 kg」のように表す。英単語は，単語ごとに半角空けて書くことになっているので，数値と単位の間を空けるのは自然のことである。一方，日本語では「六十五点七キログラム」というように，一文字一文字を続けて書く。量は数値と単位の積であるとされていることから，「65.7kg」のように書いてしまうことがあるが，数値と単位の間に空白がないことから適切な書き方とは言えない。また，「65.7 Kg」のような表現は数値と単位の間に空白があるが，SI接頭辞の記号のkは小文字であると定義されているから，これも適切な書き方とは言えない。

そして，単位は7つの基本単位である国際単位系（SI）からできている。SI基本単位の量（基本単位の名称，記号）を順に記すと，時間（秒，s），長さ（メートル，m），質量（キログラム，kg），電流（アンペア，A），熱力学温度（ケルビン，K），物質量（モル，mol），光度（カンデラ，cd）となる。このうち，質量，電流，熱力学温度，物質量の4つは，2019年5月20日に新しい定義が発効された。いずれも，基礎物理定数であるプランク定数，電気素量，ボルツマン定数，アボガドロ定数を定義値として与えることで定義された（前ページの表を参照）。

参考文献
臼田孝，新たな時代を迎えた国際単位系（SI）―基礎物理定数による基本単位の定義―，計測と制御，**58**（5），325～329（2019）．
藤井賢一，国際単位系（SI）の定義改定について，ニューサポート高校「理科」（東京書籍），**31**（春号），2～3（2019）．

索　引

英数字

1,2,3-プロパントリオール	208
1,2-エタンジオール	206
1s 軌道	167
2p 軌道	167, 192
2s 軌道	167, 192, 197
2-メトキシエタノール	210, 212, 214
3d 軌道	167
3p 軌道	167
3s 軌道	167
BTB 溶液	50
d 軌道	184
f 軌道	184
J（ジュール）	137
K（カリウム）	166, 168, 173
Kcal（キロカロリー）	137
kJ（キロジュール）	137
K 殻	167, 182
Li（リチウム）	166, 168
L 殻	167, 182
Mg（マグネシウム）	
——の燃焼	135
M 殻	167, 182
Na（ナトリウム）	166, 168, 173
p 軌道	184, 189
SDGs（持続可能な開発目標）	111
SI（国際単位系）	137, 232
sp^2 混成軌道	181, 194, 196, 197
sp^3 混成軌道	181, 189, 192, 197
sp 混成軌道	181, 194, 196, 197
s 軌道	184, 189
VSEPR 理論	189
π 結合	181, 196, 198
σ 結合	181, 196, 198

あ

アセトアルデヒド	209
アセトン	209
アトム	78, 79
アニリン	209
アミノ基	209
アリストテレス	71
アルカリ金属	164, 170〜172
——と水との反応	170〜172
——の反応	164
アルコール	212
アルデヒド基	207
アレニウス	
——の酸と塩基の定義	82
安全な水	106, 115
アンモニア分子	181, 186, 189
——の形	188

い

イオン化エネルギー	164, 166, 168
イオン化傾向	94
イオン化列	95, 100
異性体	204
陰極線	72, 78, 79
——の実験	76, 77
陰極線微粒子	75
インクの拡散	162

え

エーテル結合	202, 205, 206, 208, 209
エステル結合	209
エタノールとエタノールの混合	36
エタン分子	181, 192, 193
エチレングリコール	206
エチン分子	181, 192, 194, 198, 199
エテン分子	181, 192, 194, 196, 199
エトキシメタノール	210, 212
エネルギー	136
——準位の軌道	184
——図	140, 141, 145
——の低下	154
塩化ナトリウム	60, 62, 64
塩基	80, 86
塩橋	96
塩酸	7
炎色反応	60, 63, 65
エンタルピーH	139, 145, 148
——変化	146, 147, 157
エントロピー	152
——が減少する例	154
——が増加する例	154
——と乱雑さ	162
——エントロピー変化	146, 147, 156, 157
塩の沈殿反応	60

か

化学が拓く世界	104
化学の特徴	46, 52
化学反応式の係数	3, 10
——化学反応式の係数の比	15, 27, 28
化学びらき	34
可逆系	162
化合物	60
カリウム	181, 186
カルシウム	181, 186
カルボキシ基	209
カルボニル基	207, 209
過冷却現象	123, 124
過冷却実験	120
カロリー	135, 136
還元力	164, 166, 172
寒剤	125

き

幾何異性体	211
危険な水	106, 115
軌道	
——のエネルギー準位	178, 184
——重なり	178
ギブズエネルギー変化	159
吸着	108
吸熱反応	146, 159
凝固	123
凝固点降下	120, 123, 125, 131
教師実験	171
鏡像異性体	211
共有電子対	189
キロカロリー	137
キロジュール	137

く

グリセリン	208
クルックス管	74, 76

け

結合	198
結晶	64, 162

ケトン基	207
原子	
——の数	17
——の構造	68
原子核	70
——の発見	68
原子軌道	178, 180, 181, 185, 186
——の形の例	188
原子半径	166, 174
原子量	17
原子論	71
元素循環	174

こ

光学異性体	211
構造式	204
国際単位系（SI）	137, 232
コメント	38
混成軌道	178, 190, 192

さ

再結晶	60
酢酸	209
——カーミン液	50
——メチル	209
酸	80
酸化還元	103
——反応	94, 168
三重結合	195, 197, 199

し

シス-トランス異性体	211
接続可能な開発目標（SDGs）	111
実験	171
——計画	65
自発変化の向き	103
ジメチルエーテル	209
試薬の調製方法	91
臭素水の脱色	202, 214
ジュール（J）	137
純水	86
硝酸水溶液	86
蒸発皿	64
しょう油	62
蒸留	108, 115
試料の同定	90

す

水酸化ナトリウム	86
水酸化バリウム	86
すきま	40, 42
ストップモーション方式による授業記録	6
スルホ基	209

せ

セルプレート	84, 86, 96, 98

た

第一級アルコール	212
大学教育の教育課程編成上の参照基準	v
ダニエル型電池	94, 96
単位	232
単結合	202
炭酸カルシウム	7
——と塩酸の反応	11, 20
炭酸水素ナトリウムの熱分解	23
単体	60

ち

中性子	70
中和点	87
中和反応	80, 86
沈殿反応	60

て

デジタルテスター	96
鉄イオン	67
鉄検出実験	67
デモクリトス	71
電圧計	96
電位・エネルギーの関係	103
電位差	99
電気陰性度	164, 166
電気化学	103
電気分解	103
電極電位	100
電子	70
——移動	103
——殻	178
——式	181
——の収容順	184
——の発見	68
——の波動性と軌道	180
——のやりとり	94
——配置	166, 182
電池	103

と

ドイツの化学教育	177
ドールトン，ジョン	71
トムソン，ジョゼフ・ジョン	72, 74, 79

な

長岡半太郎	76, 79
ナトリウム	171

に

においのかぎ方	36
二重結合	195, 197, 202, 212
ニトロ基	209
ニトロベンゼン	209

ね

熱量	135, 136
ネルンストの式	99
燃焼エンタルピー	142

の

濃度	131

は

パウリの排他原理	184, 185
白色沈殿	62
発熱反応	150
波動性	180
反転学習	143
反応経路と反応エンタルピーの関係	140

ひ

非共有電子対	189
ヒドロキシ基	202, 205～209

ふ

フェノール	209
フェノールフタレイン溶液	82, 84, 87, 170
——の色の変化	87
物質量の比	3, 18, 27, 28

振り返りワークシート	29
分子構造模型	193, 197
分子量	17
フントの規則	184, 185

へ

ヘスの法則	134, 140, 145
ヘミアセタール	210
ペラン，ジャン	79
ベンゼンスルホン酸	209

ほ

ボーア，ニールス	79
ボーアモデル	181, 183, 186
ポテンシャルエネルギー	151
ホルミル基	207, 209

ま

水とエタノールの混合	37
水分子	181, 189

み

未知試料	208
――の同定	80, 202, 214
メスシリンダー	35
――の目盛りの読み方	35
メスピペット	91
メタノール	209
メタン分子	181, 192
――の形	190
メチルセロソルブ	210, 214

も

森田浩介	79
モル	17

や

融解	123

ゆ

有機化合物	202
――の官能基	209
――の合成	202
――の構造	202
――の同定	202
――の反応	202
――の分類	209
融点	166

よ

溶液の濃度	131
陽子	70
溶質	128
――の溶質の種類	131
溶媒	123
四元素説	71

ら

ライブ授業	2
ラウールの法則	131
ラザフォード，アーネスト	79
ラボアジェ，アントワーヌ＝ローラン	71
乱雑さの増加	154

り

粒子	40, 42
粒子数	133
粒子性	180

れ

冷却曲線	122, 128

ろ

ろ過	60, 65, 108, 115

わ

ワークシート	29, 37

科学者の視点から

川合 眞紀
（日本化学会 会長・分子科学研究所 所長）

　化学は，人間の生活に深く関わる学問分野です。身の回りにある建物や乗り物の素材から日用品に至るまで，金属，セメント，プラスチック，セラミックス，ガラス，紙，布などの多くは化学的プロセスを経て作られます。また食材，医薬品，農薬，洗剤や染料なども，その製造過程に化学的な反応や現象が用いられています。自然食品や天然素材も化学的な構造や特性を知ることで，それらを安心して生活に取り入れることができます。化学の知識や理解があれば，社会生活を効率的に安全にまた快適に過ごすことができると言えるでしょう。

　さらに，持続可能な社会の発展に目を向けると，環境，エネルギー，資源，経済，医療福祉といった分野でも化学の力なしでは解決でない課題が山積しています。言い換えると，自分自身の日常の生活だけでなく，子供たちや子孫の時代にわたる長期的な未来に対して，化学は大きな役割を担っています。すべての人が正しい化学の知識を伝え理解を促す上で，化学教育に携わる者の責任は極めて重いとも言えます。すなわち，化学に専門的に携わる研究者や技術者だけでなく，すべての人が化学を学び，社会のあらゆるところに存在している物質，化学反応，化学現象を実感し，理解できる力を持つことが，人類の未来を開拓していく上での不可欠な要素なのです。

　化学で扱う現象は多彩です。それらの現象を実現する物質を設計し合成できることを学ぶのも化学です。化学は，無限に広がる科学の夢の実現に寄与するものであるが故に，化学の学びには，その発展性を学ぶ過程で事象の羅列を覚えることを伴います。化学が暗記科目と言われ，理科離れの要因とも言われていたところです。

　一方で，物質の多彩な現象は，電子の振る舞いから統一的に理解することが可能です。周期表で集約される電子構造により，物質の機能を統一的に説明できることを，定性的に理解させることが大切です。また，物質の安定性や反応性の理解には，熱力学（統計力学）の知識が不可欠です。エンタルピーやエントロピーを理解することで，物質系の安定性を理解することができます。これらのことは，化学という学問分野の持つ普遍性を理解することに通じます。

■ 編著者紹介

後藤　顕一（ごとう　けんいち）
東洋大学食環境科学部教授（博士（学校教育学））
東京都生まれ
2016年　兵庫教育大学連合大学院博士課程修了

西原　寛（にしはら　ひろし）
東京大学大学院理学系研究科教授（理学博士）
鹿児島県生まれ
1982年　東京大学大学院理学系研究科博士課程修了

飯田　寛志（いいだ　ひろし）
静岡県総合教育センター参事
静岡県生まれ
1990年　学習院大学理学部卒業

渡部　智博（わたなべ　ともひろ）
立教新座中学校・高等学校教諭（博士（学術））
福島県生まれ
1985年　立教大学大学院理学研究科博士前期課程修了
2000年　埼玉大学大学院理工学研究科博士後期課程修了

野内　頼一（のうち　よりかず）
国立教育政策研究所教育課程調査官（併）文部科学省教科調査官
茨城県生まれ
平成30年告示の改訂に関わる
元茨城県公立高等学校教諭, 元茨城県高校教育課指導主事

装丁・小島　真樹
人物イラスト・石田　理紗

「資質・能力」を育む高校化学
―― 探究で変える授業実践

2019年9月20日　第1版第1刷　発行

編著者　後藤　顕一
　　　　飯田　寛志
　　　　野内　頼一
　　　　西原　寛
　　　　渡部　智博
発行者　曽根　良介
発行所　㈱化学同人

検印廃止

〈出版者著作権管理機構委託出版物〉
本書の無断複写は著作権法上での例外を除き禁じられています．複写される場合は，そのつど事前に，出版者著作権管理機構（電話03-5244-5088, FAX 03-5244-5089, e-mail: info@jcopy.or.jp）の許諾を得てください．

本書のコピー，スキャン，デジタル化などの無断複製は著作権法上での例外を除き禁じられています．本書を代行業者などの第三者に依頼してスキャンやデジタル化することは，たとえ個人や家庭内の利用でも著作権法違反です．

〒600-8074　京都市下京区仏光寺通柳馬場西入ル
編集部　TEL 075-352-3711　FAX 075-352-0371
営業部　TEL 075-352-3373　FAX 075-351-8301
振　替　01010-7-5702
E-mail　webmaster@kagakudojin.co.jp
URL　https://www.kagakudojin.co.jp
印刷・製本　日本ハイコム㈱

Printed in Japan © K. Gotoh, H. Iida, Y. Nouchi, H. Nishihara, T. Watanabe 2019　無断転載・複製を禁ず
乱丁・落丁本は送料小社負担にてお取りかえいたします．
ISBN978-4-7598-2016-4

エネルギーの単位の換算表

単 位	kJ mol^{-1}	kcal mol^{-1}	eV
1 kJ mol^{-1}	1	0.2390057	1.036427×10^{-2}
1 kcal mol^{-1}	4.184	1	4.336410×10^{-2}
1 eV	96.48534	23.06055	1

圧力の単位の換算表

単 位	Pa	atm	Torr
1 Pa	1	9.86923×10^{-6}	7.50062×10^{-3}
1 atm	101325	1	760
1 Torr	133.322	1.31579×10^{-3}	1

$1 \text{ Pa} = 1 \text{ N m}^{-2} = 1 \text{ J m}^{-3} = 10^{-5} \text{ bar}$

SI 接頭語

大きさ	SI 接頭語	記号	大きさ	SI 接頭語	記号
10^{-1}	デ シ (deci)	d	10	デ カ (deca)	da
10^{-2}	セ ン チ (centi)	c	10^{2}	ヘ ク ト (hecto)	h
10^{-3}	ミ リ (milli)	m	10^{3}	キ ロ (kilo)	k
10^{-6}	マイクロ (micro)	μ	10^{6}	メ ガ (mega)	M
10^{-9}	ナ ノ (nano)	n	10^{9}	ギ ガ (giga)	G
10^{-12}	ピ コ (pico)	p	10^{12}	テ ラ (tera)	T
10^{-15}	フェムト (femto)	f	10^{15}	ペ タ (peta)	P
10^{-18}	ア ト (atto)	a	10^{18}	エ ク サ (exa)	E
10^{-21}	ゼ プ ト (zepto)	z	10^{21}	ゼ タ (zetta)	Z
10^{-24}	ヨ ク ト (yocto)	y	10^{24}	ヨ タ (yotta)	Y

ギリシャ文字

ギリシャ文字	読み方	ギリシャ文字	読み方	ギリシャ文字	読み方
A α	アルファ	I ι	イオタ	P ρ	ロー
B β	ベータ	K κ	カッパ	Σ σ	シグマ
Γ γ	ガンマ	Λ λ	ラムダ	T τ	タウ
Δ δ	デルタ	M μ	ミュー	Y υ	ウプシロン
E ε	イプシロン	N ν	ニュー	Φ φ	ファイ
Z ζ	ゼータ	Ξ ξ	グザイ	X χ	カイ
H η	イータ	O ο	オミクロン	Ψ ψ	プサイ
Θ θ	シータ	Π π	パイ	Ω ω	オメガ